我知道你不知道的自己在想什么

果　壳/著
Guokr.com/

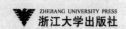
ZHEJIANG UNIVERSITY PRESS
浙江大学出版社

目录 contents

前　言

By　0.618

你好，我们是学心理学的。

"那你知道我在想什么吗?"

——这，必定是每一个心理学人在自我介绍后被问及最多的问题，也是最头疼的问题。

我知道你们在想什么，但我不知道你在想什么。

从定义上看，心理学是"关于行为及精神过程的科学研究"(《心理学与生活》)，但对于特定的行为和心理，由于变量太多或者学科阶段性发展水平所限，还不能精确到这个程度。这就好像你拿着一个硬币去让物理学家预测抛出之后哪个面朝上，理论上，知道所有条件后是可以计算的，但实际操作起来却几乎不可能。每个人的行为和心理也会受到先天的生物基础和后天社会经验的影响。

既然个体之间存在差异，心理学研究也总是利用统计学上的显著来验证理论，那么怎样保证它可以适用于每个人呢?

解答这个问题,需要绕过它来思考。

牛顿第一定律说——"在没有外力的条件下,物体维持原有的运动状态"。虽然真实情况中"没有外力"的条件无法实现,我们不能直接证明定律的正确性,但是通过间接的实验依然可以逼近理想状态,所以在经典力学框架下它的正确性不容置疑。同样的,心理学实验中做不出 100％的结果并不意味着它不适用于所有人,而只不过因为条件所限,难易完美控制所有无关变量。

我知道你们在想什么,但你自己不知道自己在想什么。

生活中,常听人们说"自己最了解自己",是这样吗? 其实,人们不也还常说"旁观者清"嘛? 几乎任何一句名言,都可以找到另一句观点与之相反的驳斥。所以,名言警句不足为信。

那么,自己要不要信自己?

现代心理学研究不断在表明一个事实:我们,真的不了解自己。我们以为忘掉痛苦经历就可以感受不到痛苦,但对短时记忆障碍患者的研究却发现,想不起痛苦的原因反倒让他们更难过;我们以为清闲的无所事事的白日梦生活很美好,但其实忙碌,哪怕是瞎忙活,也可以提高幸福感。

这本书里充满了这样的悖论,你看完后也许会惊讶:原来自己太不了解自己了!

我知道你们在想什么,但你们以为他们更知道你在想什么。

"自己",永远是每个人最关心的话题,很多人每天都会关注星座运程,或者试图通过血型、性格色彩、手相等去了解自己。这些方法方便在似乎可以只用少量的信息摄入代替辛苦的长期探索。——你看,一个人琢磨琢磨星座便可以把对方的前世今生了如指掌,对对九型人格就知道 ta 的性格命门,省去了多少交往的时间和金钱!

就冲这,人们都愿意相信那些看上去实用、实则牵强附会的推断和结论。书店的"心理类"书架上,摆的都是读心术之类的东西;网络上搜索"心理"两个字,被关注最多的是"心理咨询师";电视上频频露脸的"心理专家"甚至看不出是学过心理学的,哪怕是自学。他们的说辞往往能够让人的窥探欲很方便地得到满足,于是本来就懒得进行批判性思考的大脑,乐得其所。这一类大师不需要任何研究支持,只要一个权威的、能言善辩的形象,就可以行走江湖了。

其实,他们知道的根本不是你在想什么,而仅仅是利用了你思维的弱点。

我知道你们在想什么,但我一直没有大声说。

弗洛伊德的盛名,对于心理学来说不知是件好事还是坏事——他让更多人知道心理学,同时又遮住了很多人的眼睛,让人以为精神分析那一套便是心理学。其实,弗公在心理学上的贡献远比他对大众文化的贡献小得多。

更让心理学人无奈的还是媒体上那些根本不是心理学、却自称"心理学"的东西。这些没有根据的说法、杜撰的格言、折翼体的小感悟,动辄吸引数以百万计的粉丝。相反,真正的心理学家却很少发话，因为他们不愿意随便评论非自己研究领域的内容，即便偶尔张个口，也总是小心翼翼说话，不走惊悚路线，也很难引起网友的"激情分享"。

心理学本身就很有趣，一点儿不缺乏吸引人的东西。这些可以帮助我们认识自己、理解世界的智慧结晶不该只是少数心理学人的乐趣，应该和更多人分享。这是多么大的一件遗憾！所以，果壳心事鉴定组从诞生之日起，就明确了自己的使命所在——让心理学研究走出实验室和学术期刊，让更多人知道什么是真正的心理学，让彼此多一份理解。

我想这也是很多心理学人的共识，所以心事鉴定组主题站很快得到了很多院校心理系老师和同学的支持，也吸引来一批热心传播心理学的朋友，与我一道建立了这个营地，并通过真诚和努力将之经营得有声有色，影响力渐远。他们有的成了本书的作者，有的是心事鉴定组的译者，有的作品还没来得及被收录但暗暗努力着，有的在一边摇旗呐喊加油助威。

假以时日，我们相信这种观念和坚持一定能改变许多人片面的认知，也让他们获得对这个世界的更深的理解。

《我知道你不知道的自己在想什么》是大家共同完成的第一本书，很多作者都是第一次写作科普文章，我也是第一次当上真正意义的编辑。几个月前刚得知要出书的消息，很意外和忐忑，现在看最初的文章，内容和形式都还不太成形。——但转念想想，市面上伪心理学正大行其道，就觉得心理学人该做点什么，则舍我其谁？

在同时追求科学和有趣的道路上，必须保持一种平衡，所以很难做到学术期刊一样的严谨，虽严谨仍是我们一贯的态度，书中很多小的细节，都经过反复的争辩和商榷。当你看到任何不妥之处，请不必包涵，及时联系指正便是。

在此感谢所有心事鉴定组的作者和译者，他们是（按在网站上的发稿顺序，截止到 2011 年 7 月 4 日）——

psychway，塔塔，hahahuang，Synge，Luna 3.0，豆豆助，卡巴猫斯基，dindin，Matrix67，chengmine，没围脖的兔子，阿饭，艺茗，琦迹 517，懒木，赵紫菱，cobblest，keledoll，Nico，hcp4715，Doraemon，LessDilettante，沉默的马大爷，amygdala，珊爷，zplzpl，科学家种太阳，tadayima，津巴特别多，perfectear，小汉斯，601ml，绿布农，范小趴 sarita，猫薄荷茶，Frances，faith_truth，COSMO。

特别感谢 chengmine 为本书特别翻译的部分章节导语。

对了，最后再知会一下那些和我们一样特别有知识搜藏癖好的读者们，所有在文章中提及的文献，详细检索信息都可以上我们的网站（www.guokr.com）到相应文章的"参考文献"部分进行查询。

chapter 1

放空： 认识真的自己

人无法准确认识自己。 我们对自己的认识，实际上恰恰受到了自己的干扰。 就像当一个人站在理发店里的两面镜子中间，若想看看镜子里的自己，会发现镜子里面的自己正在看真实的自己，他很快就会搞糊涂，到底是哪个自己是看的主体，哪个自己是被看的对象。 也类似量子力学中，我们无法观测某一个光子的运动。 因为只有光照在光子上，反射到我们的眼中，我们才能看到这个光子。 而当一束光照在一个光子上时，这个可怜的光子会被这束光中大量的光子撞得七荤八素，我们便无法得知这个光子的确切运动状态。 实际上，是我们的观测行为影响了光子自身的运动。

——大卫·比约克伦德和格兰迪·格林

[来源于《美国心理学家》期刊(*American Psychologist*)1992 第 47 卷]

大脑放空时究竟在做什么

By　Cobblest

> 经验说：什么都别做，让大脑"放空"休息一会儿。

> 实验说："放空"时大脑并没有在休息，而是在进行记忆筛选。

大脑放空不是在浪费时间！它是大脑的"默认网络"在进行记忆筛选。老年痴呆、注意力缺陷多动症、抑郁症很可能是由于"默认网络"出问题了。

人们对大脑在完成各种任务过程中会如何活动表现出了极大的好奇，但在很长一段时间内，一直忽略了大脑在"放空"状态下的活动。华盛顿圣路易斯大学的神经科学家马库斯·雷切利（Marcus Raichle）和他的同事通过数年的研究，逐渐揭开了大脑空闲时究竟在做什么的奥秘。

马库斯起先一直运用一种称为 PET 的脑成像手段研究与词汇有关的大脑活动。有一天他偶尔发现，大脑某一区域在参与者休息时还存在某些激活，而在任务开始后激活又消失。大多数研究者对此不以为意，认为这不过是"随机噪声"罢了。但在 1997 年，马库斯的同事戈登·舒拉姆（Gordon Shulam）发现结论并非如此。他仔细查看了以往 134 名被试的脑成像结果，发现无论实验任务是什么，大脑中有一块位置总是在任务开始后降低了激活。2001 年，他们两人发表了论文，向世人揭开了大脑中这一神秘的"默认网络"。

筛选记忆——"放空"的任务

大脑在空闲时到底在干什么呢？马库斯和他的同事德布拉·古斯纳德（Debra Gusnard）认为，大脑放空时的功能和记忆密切相关，大脑中负责记忆的海马可能正在为我们提供日常的种种记忆片段，并让我们产生看似无意义的"白日梦"，再由默认网络——包括内侧前额叶（MPFC）、扣带回后部（PCC）以及邻近的楔前叶、前扣带回腹侧（vACC）的神经网络——对这些记忆片段进行再整合，以便为未来的行为提供参考。最近，达特茅斯学院的玛利亚·梅森（Malia Mason）利用功能核磁共振成像技术（fMRI）证实了这一点：当人们报告要放空时，默认网络也随即活跃起来。也就是说，上课时的走神或白日空想可能具有重要的意义。

不过，默认网络似乎还不仅仅负责产生"白日梦"。斯坦福大学的迈克尔·格雷瑟斯（Michael Grecius）发现，当人们的大脑处于休息状态时，不同的神经元不再随机无规律地波动，而是呈现出一种有规律的"共振"——不同的大脑区域开始形成统一活动的单元。不仅如此，在其他几项研究中，麻醉、镇静剂和睡眠状态也发现了同样的神经发放模式。由于睡眠也具有类似的模式，马库斯认为默认网络参与着记忆的筛选工作：哪些有意义、哪些有威胁……由于这些工作与人密切相关，所以默认网络随时待命，抓紧一切时间积少成多地处理大量的短时记忆信息。这一过程可能伴随着神经链接的大量建立，以及接踵而来的能量消耗——这或许就是为什么最初索科洛夫发现，休息的人脑反而耗氧更多。

阿兹海默——"默认网络"的损伤

不仅如此，最近人们还发现，默认网络与阿兹海默氏症等重大疾病有密切的关联。2004 年，神经学家兰迪·巴克纳在查看匹兹堡医学院的一份阿兹海默氏病人的大脑蛋白簇切片图时，惊讶地发现整个图像和默认网络的分布具有惊人的相似！也就是说，阿兹海默氏症的症结很可能是由于默认网络的损伤。马库斯和兰迪对轻微记忆问题病人的默认网络进行追踪之后，发现默认网络的损伤与最终患上阿兹海默氏病有较大关联。在未来，至少可以根据默认神经网络的状况在一定程度上预测和预防阿兹海默氏病。

除了阿兹海默氏病，默认网络还可能与抑郁、注意力缺陷多动症(ADHD)、自闭症和精神分裂症有关。比利时格鲁吉亚大学的神经学家史蒂文·劳伦斯(Steven Laureys)利用脑成像技术研究了植物人的大脑默认网络状态,结果发现植物人昏迷越严重,其默认网络的破坏程度也越严重。他希望能在未来植物人清醒时继续研究,看看默认网络能否预测病人的病程变化。苏珊·怀特福德(Susan Whitfield-Gabrielia)在《美国科学院院报》上撰文指出,精神病人和其亲属的"默认网络"和正常人相比有着显著的活跃性,网络内的相互联结也更强。精神病人异于常人的思维奔逸与幻听幻视,可能正来源于"默认网络"的异常活动。

任重道远——"默认网络"的研究

科学家们也关心默认神经网络在不同年龄段的变化,以及这是否关系到人们的认知功能发展。2010 年,瑞典科学家彼得·弗兰森(Peter Franson)等人发现儿童的默认网络和成人有所区别。儿童的"默认网络"更多地汇聚在感觉和运动皮层。而对老年人的研究则发现,默认网络在认知任务过程中的联结和与负责认知区域的同步性都呈减弱的趋势,这可能可以为老年人的认知控制能力下降提供解释。

很多人会好奇,"默认网络"是否在每个人大脑中都存在,不同种族的默认网络又是否存在区别。2010 年,另一项有关默认网络的研究由 35 个隶属于不同国家研究所的科学家共同完成。他们利用静息态功能磁共振成像(R-fMRI)技术记录31414名志愿者的大脑数据,发现了普遍存在于大脑中的默认网络。这个巨大的共享数据库有助于在未来更好地研究默认网络和基因表达、大脑发育和病理过程的关系。

在马库斯惊人发现的十余年之后,辛勤工作的研究者正为我们一点点揭开"默认网络"的奥秘。虽然仍是"犹抱琵琶半遮面",但我们知道,我们再也离不开它了,因为那里有攸关性命和支持整个生活的重要工作在进行呢!

激情燃烧时，你已不用大脑？

By 琦迹517

> 经验说：每次都想得挺好，但到时候总是做不到。

> 实验说：你永远都会受到情绪干扰，不用大脑思考。

下定决心不干完活就不看电影，可为什么，为什么，最后还是把工作抛到脑后？这是因为人们不可能成为真正的死理性派(那，只是一个传说)。周围人的议论，精彩的预告片，都可能影响你的情绪。激情燃烧时，你还能用大脑思考吗？

电影《国王的演讲》下载了快一年，由于工作繁忙一直忍着没看，这本来没什么。可是，这两天刚好赶上奥斯卡，所有人都在议论这部电影。本来你只不过打算在紧张的工作之余先看个预告片休息休息的，但，最终还是神差鬼使把明天的会议暂时抛到了一边——先看完电影再说！

为何你的态度发生了180度大转变？

情绪让你走火入魔

平日理性聪明的人能在多大程度上预测自己在激烈情绪状态下的态度和反应变化？《怪诞行为学》(*Predictably Irrational*)一书中曾提到了丹·艾瑞里(Dan Ariely)教授所做的相关研究。教授的问题是：怎样的激烈情绪既是参与者非常熟悉的，同时又能从中体会到快乐？他勇敢地顶着项目被毙的压力选择了一个模型——被试都是 20 多岁的大学男生。

2001 年，艾瑞里教授开展了关于"性兴奋状态下的决定形成过程"的实验研究，希望弄清楚性兴奋对行为的影响，从而解决一些社会问题，如未婚少女怀孕和艾滋病蔓延等。于是他和他的同事乔治·勒文斯坦(George Loewenstein)邀请了 25 位加利佛尼亚州伯克利大学的男生来参与实验，希望这些男生能帮助他们弄清楚其中的问题。

参与者被要求在一台电脑上回答一系列诸如"你会一直使用避孕套吗"、"约会伴侣拒绝上床你还会继续尝试吗"等重口味问题，他们可以在一张从"否"到"是"的意愿测量表上选择答案。

当然，如果测试只是这么简单，说不定得到的结论和"选苹果代表你善良，选香蕉代表你邪恶"那种山寨测试一样没有说服力。为了反映不同情绪状态下人们的行为与态度，3 个月里，研究人员会要求所有参与者分别在冷静理性状态、想象自己处于性兴奋状态、通过观看色情图片并自慰达到性兴奋状态这三种状态下回答所有的问题。

每一个案例中,参与者在性兴奋状态下和在理智状态下对问题的回答都有着很大的不同。比如关于施行非道德性行为倾向的五个问题中,他们在兴奋状态下预测自己更愿意做那些事情,是冷静时预测的两倍多(高出136%)!而在性兴奋状态下预测"不用"避孕套的可能性也明显高于(高出25%)冷静状态下的预测。(见表 1 - 1)

表 1 - 1　施行非道德行为的可能性比率(顺序与严重程度无确切关联)

问　　题	非兴奋状态	兴奋状态	差别率（%）
你会带约会伴侣去高档餐馆以增加和她上床的机会吗?	55	70	27
你会对女人说"我爱你"以增加和她上床的机会吗?	30	51	70
你会鼓励约会伴侣喝酒以增加她和你上床的机会吗?	46	63	37
约会伴侣拒绝上床你还会继续尝试吗?	20	45	125
你会偷偷给女人下毒品以增加她和你上床的机会吗?	5	26	420

所有这些聪明优秀的伯克利大学学生竟然都没有预测到性兴奋对性偏好、性道德以及对安全性行为的影响,他们对自己的反应

完全估计不足——"善良高尚"的超我赤裸裸地被情绪上身的本我打败得一塌糊涂。

激情燃烧时,你早已不是用大脑思考的动物了,所谓的道德、所谓的规范都不能阻挡你满足需求的冲动,情绪像是为你魔鬼的灵魂插上了翅膀,让你离正常的自己越来越远……

果壳小贴士

这个充斥着《花花公子》与卫生纸的实验告诉我们,有时候"情绪"会让人变成魔鬼,但这并不意味着我们就要束手就擒,甘心做情绪的奴隶。当你知道错在哪儿,你就离真理更近了一步。现在既然已经清楚情绪会导致错误预测自己未来的行为与态度。那么,下面几点,就是在未来的生活工作中应该着重注意的:

1. 在某一强烈情绪状态下时,千万不要急着作决定。因为现在的决定很可能会让你在冷静时后悔。听说过一个叫做"冰杯法"的杀手锏吗?就是把信用卡冰到一个大冰块里,每次要用信用卡时都需要等待冰块融化才能取出,而那些时间,就是为了让你冷静下来。

2. 预测未来的行为与态度时,千万不要忘记当时会有怎样的情绪,最好能让自己马上体会可能的情绪再作判断。

3. 处理"诱惑"最好的方法就是敬而远之，千万不要以为自己会在关键时刻变成柳下惠！ 因为你不懂着魔时的那个你。

4. 最后，要告诉大家一个好消息，情绪既是我们心中魔鬼的翅膀，也能帮助我们内心的天使飞翔。

你比自己想的更诚实

By 琦迹 517

经验说：人们总是高估自己的道德水平。

实验说：某些情况下，情绪会帮你成为天使，你太低估自己的人品了。

在没有人知道的情况下，你会作弊吗？冷静一想，自己也只是个普通人，坐怀不乱什么的太难了，估计到时候就犯错了。哎，你实在不了解自己。做坏事前紧张的情绪，对后果的担心都会降低你做坏事的可能。你没自己想得那么"坏"。

"0！ = ？"

假如这是一道趣味数学测试题，只要你凭借自己的能力回答对，你就有机会得到一份礼物，那么你会偷偷地用搜索引擎吗？

你想了想，猜测自己在这种无人知道的情况下可能把持不住，于是诚实地回答"也许会"。

但真正的情况有可能是，也许你不会。没错，继《激情燃烧时，你已不用大脑?》之后,你又一次判断错了自己的态度与行为。多伦多大学斯卡伯勒分校的瑞马·特珀(Rimma Teper)、迈克尔·因茨里希特(Michael Inzlicht)和伊丽莎白·佩奇-古德(Elizabeth Page-Gould)展开的研究也许能给你又一次误判的解释,他们的研究刊登在《心理科学》(*Psychological Science*)上。

作弊实验

在研究中,三组参与者被要求在电脑上完成一个由 15 个问题组成的数学测试。其中,第一组数学任务组只要答对 10 题,就能获得 5 美元的奖励,而且他们被告知,如果在测试进行中不小心按下空格键,测试软件就会出现故障,将正确答案显示在屏幕上,但并不会留下任何能证明你按下过空格键的证据(好吧,研究人员又"撒谎"了);第二组预测组中研究人员也告诉了参与者这个道德两难的处境,然后让他们看完试题后预测自己是否会作弊,大约会作弊几题;而最后一组控制组,则仅仅进行数学测试,并不知道测试软件中存在的问题。

在实验过程中,所有的参与者都佩戴了电极,用以测量他们的呼吸性窦性心律不齐(respiratory sinus arrhythmia, RSA)、心跳、呼吸的频率和手掌汗液的分泌量等数据。呼吸性窦性心律不齐已经被发现与协调复杂的社会行为有关。这些指数都会随着情绪的加剧而显著增高。

结果很明显,真正面对道德,处境两难的参与者,也就是第一小组，即数学任务组，表现出了最强烈的情绪。"小鹿乱撞"与手心湿透迫使第一组参与者不会"不小心"按错空格键而答对考题……实际上，他们平均作弊率仅有 1 次，远远低于预测组（第二组）对作弊的预测——5 次。而作为对照组的第三组也表现出了"未做亏心事，不怕鬼敲门"的应有淡定，这显示了第一组参与者感受到的情绪波动是只出现在道德两难局面中的。

那为什么上次会高估自己的道德水平，这次却低估了呢？因为我们没法明白情绪对于决策的指导作用，面对作弊诱惑时，你心中内疚的情绪深深地影响着全身，躁动的心脏、潮湿的手掌以及膀胱深处的隐隐作痛都在控诉着，有必要为了一次作弊而遭受这样的折磨吗？不不不！很快，你就败下阵来做了"君子"。

看来，情绪也是防范人类违法犯罪的居家旅行必备，且是人人皆可自产自销的良药啊！

不只是黑，不只是白

如果你还记得前面的那篇文章，你就会很奇怪。两个实验似乎给出了完全相反的两个结论：《怪诞行为学》的实验告诉了我们，"情绪"会让我们变成魔鬼，而瑞马等人的实验则向我们展示，"情绪"也会让我们变成天使。这个结果也许会让那些对本书文章按图索骥生搬硬套的同学产生足以毁灭世界观人生观的打击——"一下说黑一下说白，那情绪到底是好是坏啊？快给个准话，我信你，我信你啊！"

　　其实，情绪到底会让我们变成魔鬼还是天使，这并不是绝对的。瑞马在上面的研究中也强调，当奖励等外部因素达到一定程度后，产生的新情绪就能战胜内疚从而导致不道德行为。但这一矛盾中却给了我们一个更为重要的"真知"——

　　情绪在思维与行为中都扮演了重要角色，如果忽视了它，我们的预期就会与未来的行为产生巨大的偏差，而人类，却偏偏总是习惯忽略这些心中的"隐形翅膀"，它或者成就你为天使，或者成就你为魔鬼。

睡觉，抽动一下很正常

By　科学家种太阳

> 伪心理学说：睡觉抽搐是大脑以为身体快要死亡了，所以发送一个脉冲。

> 科学说：睡觉抽搐可能是因为大脑在学习。

你是不是也有深刻的印象，睡梦中，整条腿突然抽动了一下。别以为这是不健康的表现，其实，大脑很聪明。研究表明，睡眠中的抽搐可能起着帮助睡眠的作用，甚至和学习有关。

事情的起因是这样的……

微博上有一个自诩为"经典心理学"的 ID 发了一个段子：你睡觉的时候，有没有突然踹一下腿或抽搐了下？告诉你真相——这叫肌抽跃，常在睡觉时发生，睡觉时呼吸频率降低的幅度太大，大脑会认为身体快要死亡了，所以它会发送一个脉冲使身体觉醒。常发生肌抽跃的人一定要注意，这表明你这时的身体机能不是很好哦。

毫无疑问,这段话具有危言耸听的气质。既然肌抽跃在睡觉时经常发生,常发生肌抽跃的人身体可能不是很好,那么意思岂不是暗示很多人都身体不好?这个表达的确太过于含混了。

我们先来看一下什么是肌抽跃?肌抽跃是一种急速的肌肉不自主抽动,类似触电一样的动作。虽然较严重的肌抽跃症是一种会影响人正常生活的躯体病症,但生理性肌抽跃(比如打嗝、入睡抽搐以及疲劳或紧张时出现的肌肉抽搐)在正常人的生活中也不时出现,可以说与身体健康没有什么太大的关系。

那么"睡觉的时候,突然抽搐着踹了一下腿",究竟是不是肌抽跃?

入睡抽动 (Hypnic Jerk)

其实,对于"睡觉的时候,突然抽搐着踹了一下腿",学术上通常称为"入睡抽动"(hypnic jerk 或 hypnagogic jerk),很多民间说法认为这种抽动是因为在长个儿,但这种说法根本是毫无依据的,且问你调查过姚明小时候踹塌很多面墙吗?

入睡抽动,指人在即将入睡时全身肌肉突然不自主地抽动。此过程中,往往还伴随自由坠落感甚至是模糊的梦境,并很可能导致惊醒。一般的入睡抽动不会影响睡眠,但若过于频繁则可能导致周期性肢体抽动障碍(periodic limb movement disorder),变身成"抽搐男"或"抽搐女",且陷入失眠的困扰。

关于这种现象的原因众说纷纭。一种理论认为，个体从清醒状态进入睡眠时，会出现心跳减慢、体温下降、呼吸变缓，肌肉也随之放松。网状激活系统（reticular activation system，RAS）负责控制这一转换过程，入睡抽动可能仅仅是网状激活系统数据出错时伴生的一种副作用。

另外一种更有趣的解释认为，人脑是基于爬行动物的大脑进化而来的，因此仍然保留了一部分爬行动物的应激反应模式。肌肉彻底放松时，大脑会基于这一应激反应模式以为我们在自由坠落，出于保护自身的需要，大脑指挥全身肌肉马上行动，试图在下坠的过程中抓住什么东西。于是，本已放松的肌肉突然收紧，引发入睡抽动。

肌肉颤搐

事实上，除了众所周知的"入睡抽动"，慢波睡眠第二阶段出现的"睡眠锭"（sleep spindle）也可能会导致"肌肉颤搐"（muscle twitch）。

睡眠锭是多见于丘脑和大脑皮质的一种特殊的脑电波，具体表现为脑电波突然出现大幅剧烈震荡，此时可能伴随着身体局部肌肉的突然抽动。

睡眠中的肌肉抽搐在婴儿身上更常见。研究者认为，这是大脑在学习或巩固神经与肌肉之间的对应关系，而这一过程在没有外界刺激干扰的睡眠时更容易完成。该说法更能说明为什么婴儿好像成天都在睡觉,原来他们是在刻苦地进行"抽搐睡眠学习"。另有研究发现,睡眠锭的出现的确有助于将新信息与现有知识进行整合,这也为"抽搐睡眠学习"假设提供了一些支持。

另外,睡眠锭可以帮助我们安睡。丘脑的脑电活动频率与保持平静睡眠的能力有关,而产生于丘脑的睡眠锭能够在外部突然出现声音刺激时起到屏蔽作用。哈佛大学医学院睡眠医学系(Harvard Medical School's Division of Sleep Medicine)的一项研究表明,脑电波中睡眠锭出现的频率越多,个体抵御外界干扰、保持睡眠的能力就越强,相应的睡眠质量也就越好。

抽动 VS 颤搐

表面上看,"入睡抽动"和"肌肉颤搐"的成因、目的不同,但似乎都会导致肌肉突然抽搐。那么这两者的外在表现有什么区别呢?

我们可以从两方面来辨识。

一方面,抽搐的模式不同。首先,入睡抽动形成的原因尚无定论,但不管是因为网状激活系统出现系统漏洞,还是大脑产生坠落的错觉,相应的"抽搐模式"都是全身性的,入睡抽动也常常被"邪恶"地描述为"像触电一般的全身颤抖";其次,睡眠锭造成肌肉颤搐,其目的是学习或巩固对肌肉的控制,因而局部抽搐更为常见。就像木偶师在学习如何操纵人偶时,也要一步一步循序渐进,毕竟步子迈得太大,容易摔跤。

另一方面，抽搐的结果不同。首先，入睡抽动时，个体并未完全入睡，全身抽搐后往往就抽醒了，当肌肉疲劳或缺乏睡眠时，抽搐情况会更加严重。越是需要睡的时候，身体就越不受控制地乱抽抽。不要担心，你只是在睡眠的第一阶段被吵醒了，损失不大，只要平心静气继续努力，10 分钟后又是一尊睡神！其次，睡眠锭出现在睡眠过程中，本身就有保护睡眠的作用。所以很可能抽了半天自己没醒，倒把睡在旁边的人吓醒了……

随堂小测验

在一个伸手不见五指的黑夜，某青年刚刚浏览完毕果壳网的最新文章。然后，他决定关机睡觉，上床躺倒，气氛祥和而隆重。就在大家都以为他已经睡着的时候，突然间这位童鞋虎躯一震，猛地一抽，把一旁的你吓了一跳。

问题来了：抽搐的原因到底是入睡抽动，还是睡眠锭造成的肌肉颤搐？

自检方法非常简单，马上问这位青年一个问题：你抽了吧？

如果他能清醒地回答你，说明是"入睡抽动"；如果他睡得很沉没反应，说明是"睡眠锭"，大脑正在学习呢。

PS：在睡眠的前 1/3 时间段，皆为慢波睡眠，这个阶段也被认为是深度睡眠，此期间脑电图的起伏呈现为熟睡时的典型脑电波。

用心感受世界，不只闭上眼睛

By 没围脖的兔子

经验说：视觉分散了人们的注意力，盲人没有视觉，因此其他感觉变得更加敏锐了。

实验说：生而为盲，是他们不同的大脑结构带来了更发达的触觉感受。

你觉得是视觉分散了人们的注意力，所以只要闭上眼睛就可以用心感受这个世界了？错！别费力气了，即使闭上眼睛，你也达不到盲人的敏锐触觉。

"嘿！猜猜我是谁？"

嗯，摸摸挡住眼睛的这双手。骨骼纤细，皮肤紧绷，是一位年轻女性；右手中指第一关节有小厚茧，写了多少字的利手哇；指甲边有好几处小裂痕，这个爱扯倒刺的家伙——一定是她！

No, No, No, 这并不是福尔摩斯的内心独白，而是发生在生活中的一幕真实场景，它揭示出了一些有趣的事实。用手指代替眼睛来感受事物，能发现更多平时不加注意的小细节：关节是大是小,指甲完好还是有破损,汗毛茂密如灌木丛还是一马平川……礼花般喷薄而出的信息像是打开了一个新世界,令人不由地遐想。啊! 如果真的能像黄金圣斗士沙加那样封闭视感,是不是就能爆发更强大的小宇宙,领悟华丽的第七感呢?

在这里我可以很肯定地告诉你,"把自己的视感关掉,就能像武林高手一般打通任督二脉",恐怕只能是一个传说。但是,丧失了视感的人与普通人相比,如我们所相信的那样,的确有些感觉方面的不同。他们到底有什么独门绝技呢?

神经心理学家丹尼尔·戈德赖希(Daniel Goldreich)也想解决这个问题。他找来两组人进行测试:一组是视力正常的普通人,另一组则是受到了不同程度的视力损伤的测试者。丹尼尔发现,在完成分辨食指尖受到的触摸类型时(分辨其为轻微的碰触,还是略使力的叩击),视力正常者表现都很出色,和盲人不相上下。但是,长时间用力摇晃参与者的手之后,再轻轻地碰触被试,那些从未看见过世界的人的反应比看见过的人要好得多。之后,通过改变摇晃和轻触两种动作的间隔时间,测试实验对象分辨两者所花的时间,先天的盲人再次胜出一筹。

所谓"世界关上了一扇门,就一定会为你打开另一扇窗",也许正是依靠自己在分辨不同触觉上的杰出反应能力,这些从未用眼睛"阅读"过这个世界的人更能用指尖体会阅读的美妙。在读盲文(点字法)方面,他们的速度是最快的。研究者指出,如果正常人想要达到他们的水准也是有可能的——只要你肯投入一生的时间。

　　为什么会这样呢？一种可能的解释是，这和人类大脑在婴儿时期有着高度的可塑性有关。婴儿比成年人有着更多的神经元和神经联结，它们是"用进废退"原则的最佳实施者：那些最常被刺激的神经环路会被保存下来，而派不上用场的神经元则放弃突触，以便将来弥补大脑损伤或为开发新的技能添砖加瓦。[①] 实验中，那些在"突触修剪阶段"前就丧失了视感的测试者，原本用于视觉的神经元也许被分配到了触觉感受区以发挥功用，因此才会在用手感受触碰方面有着更为优秀的表现。

　　知道了这一点，关于盲人画家完成阿尔塔米拉洞穴壁画[②]的说法也就不那么难以置信了。至于他们为何能知晓该用耀眼的红色表达公牛的杀气，我们也许透过小说《盲音乐家》中的描述，推知一二。在书中，盲童小彼得的老师通过节日喧闹的钟鸣来为他描述红色："当我望着一大片红色的时候，它给我眼睛产生的印象，正是这样不安定的，好像有一种东西在波动起伏着。红色仿佛是有变化的，它在底子上留下较为深沉黑暗的背景，而在某几处地方显出一些较为明亮的、迅速起伏的波浪。"

[①] 胡滕洛赫尔（Huttenlocher）于 1994 年提出的理论。

[②] 欧洲旧石器时代晚期壁画，位于西班牙北部桑坦德市的阿尔塔米拉洞穴内

嘈杂环境中打电话，
堵耳朵还是捂嘴巴？

By 0.618

> 经验说：在嘈杂的地方打电话，为了听得更清楚，得堵住一只耳朵防止噪音干扰。

> 实验说：利用"鸡尾酒会效应"，捂住嘴巴的效果更好。

　　在嘈杂的环境中打电话，很多人为了听清电话，都会自然而然地堵住另一只耳朵。其实，捂住嘴巴比堵耳朵的效果更好。

　　人的听觉是很神奇的。当你和心爱的姑娘说话时，即使有人在旁边叫你，你也可能听不见，尽管这个声音比姑娘的声音大得多。这个现象就是大名鼎鼎的"鸡尾酒会效应"。在鸡尾酒会上，人们三三两两地聊天，尽管声音都差不多大，你却只能听见你想听见的谈话；有时，你只是专注于自己和某个对象之间的对话，却完全听不见其他人在说什么；有时，你表现出一副认真倾听的样子，其实早已心猿意马，去偷听旁边圈子的谈话了。

问题来了：你是怎么过滤这些声音的呢？凭借声音的方向？读唇语？过滤对方的声音特点（音色、音调、语速等）？分辨口音还是谈话内容？

以上因素中，方向、唇语、声音特点和口音都很容易测量，只要找同一个人录两盘不同内容的磁带就可以了。早在 20 世纪 50 年代，英国帝国理工学院的柯林·彻里（Colin Cherry）教授就做了这样一系列实验。他找来一个人，录了两段不同内容的话，混合成一盘磁带，放给参与者听。参与者可以不限次数地反复听，直到听出两段话的内容为止。这看上去挺容易，其实不然。试想一下，这类似于同一个人的两个分身在你面前说话，能那么容易分辨出来吗？

实验参与者们很快也发现这个任务远比想象的要难得多。他们必须闭上眼睛，捂着耳机，仔细地反复听。尽管最终基本上都能分辨出两段内容，但无一不是听了很多遍才做到的。

换一个玩法，不把两段内容混合又如何？彻里把录音内容同时分别从左声道和右声道放出。任务一下子变得异常简单，所有参与者只听一遍就能立刻说出左耳听到了什么右耳听到了什么。更有意思的是，如果要求锁定以右耳听，他们甚至听不到左边耳机中有声音在叫自己的名字，也察觉不到左边的内容由英文变成了德语。除非左边忽然改说话为唱歌，或者说话人的性别变了，否则参与者都只会专注于需要注意的一侧，而完全忽略不需要注意的另一边的内容。锁定左耳听，也能得到同样的结果。

不过，还有一个前提：被关注一侧的内容必须连续而完整。如果都是"我独自走在郊外的小路上，该出手时就出手，落霞与孤鹜齐飞……"这种上句不接下句的奇怪病句，参与者就很难辨认出需要注意的一侧内容。

这个实验证实，若需要提高辨识度的话，必须让某个特定的输入得到强化。

在嘈杂的环境中打电话也是这个道理，即使噪音比较大，但是只要声音控制在一定的范围内，人耳就完全有能力自己过滤掉噪音，如果超过这个范围，即便堵住一侧的耳朵也没用。捂住嘴的作用就是让自己的声音尽可能地从听筒里传出（不知道电话为什么这样设计，可它就是这样的），如此一来，一侧的内容将更加完整连贯，分辨起来也更加容易了。

你的错误，手指知道

By 赵紫凌

> 经验说：耳听为虚，眼见为实。

> 实验说：人的视觉纠错系统在可靠性上比不上触觉纠错系统，你的手脚比眼睛更值得相信！

　　笔误不容易看出来，因为视觉和注意力常常和你开玩笑。但是，当眼睛不管事的时候，手指却可以司其职。实验表明，笔误时，打字速度会下意识放慢，如果你的手指在飞快地敲击当中不自觉地停顿了一下，那么请你的眼睛也稍微停顿看一下屏幕。那一刻，没准就发现自己的错误了。

交流误会

　　人们说话的时候常常会有口误，想的是"话都不会说了"，一出口却成了"说都不会话了"。在全民网聊的时代，笔误更是数不胜数，你想写的明明是"像我吗"，可用拼音输入法输出来的却成了"想我吗"，由此引发无穷无尽的误会和麻烦……

一个外星人肯定想不通地球人为何如此愚蠢,而认知机械工程师也不会接受这种智能机器如此差劲的纠错能力。

在你还没陷入"语言交流是否可能"的哲学思考之前,我必须告诉你一个听起来难以置信的事实:其实你的手指也许可以感受到这些错误。

"纠错系统"的研究

范德堡大学的戈登·洛根(Gordon D. Logan)与马修·克伦普(Matthew J. C. Crump)在一项实验中发现,以往被人们的经验所确定的认知纠错系统似乎并非那么单一化。对于交流活动当中的语言认知和拼写检查这项任务,人类大脑中至少有两套相互独立的系统在运作。

首先,需要了解人在打字时到底是依靠什么来确定自己是否有拼写错误。实验找来了 100 名打字速度为 40 词每分钟(每个单词平均长度在 5 个字母以上)的大学生。在实验室等待这群打字高手的,除了两个心理学家,还有为他们精心设计的一个"字符插入系统"。这个系统就像木马一样,在参与者打字时,会选择性地纠正他们 45% 的输入错误,同时又会在原本正确的句子里神不知鬼不觉地插入 6% 的输入错误,比如把单词当中相邻的两个字母颠倒一下。

同时,打字键盘还与一个信号检测器相连接,它能够记录下打字者在什么时间键入了哪些字母。

有趣的现象发生在"检测"阶段。测试者打出的文字会显示在大屏幕上，戈登一面数着文字里出错的地方，一面提示测试者表现的不足之处。此时，测试者会无一例外地相信屏幕：凡是大屏幕上显示出错的词，他们都会认为是自己打错了，而那些原本打错，却被自动修正的单词都被他们看做是自己正确的输入。显然，这些参与者的判断依据都是自己的双眼。

戈登的这个小把戏揭示出，眼睛是靠不住的，它们轻信了屏幕，背叛了自己的主人。不过，真正的关键部分却是键盘连接的信号检测器给出的答案：当人出现打字错误时，手指的停顿时间更长。这个现象在整个测试中没有任何一次例外。也就是说，我们的手指对错误的反应是百分之百正确。

以上发现不禁让人感叹，难道我们的手指，也就是最低层次的触觉系统，才是认知活动中最权威的裁判？

"认知机制"的差异

从认知系统的差别上看，这两套机制各自的特点应该不难理解。85％的信息输入依靠视觉，这一最主要的认知系统在打字和写字的时候，能通过视网膜上生成的影像来和大脑里的命令相比对。假如看到的和想看到的一致，那么就是写对了，反之则写错。

然而对于触觉而言，手指里的迷走神经却是通过空间定位的方式来比对印刻在脑海中的键盘字母方位和手指敲击的具体位置。假如空间位置能够匹配，就说明打对了，反之则错。而且一旦感觉错误,大脑会下意识地根据手指反馈补上一道修改命令。这样一来,从成功率上讲,你的手显然更值得相信。所谓"眼见为实"是真的吗?看到这里,我想你应该有答案了。

所以以后,请跟着感觉走,如果你的手指在飞快敲击当中不自觉地停顿了一下,那么你的眼睛也不妨稍微停顿一下,那一刻,错误也许就从屏幕上跳出来了。

适合所有年龄的神奇外语学习法

By 赵紫凌

> 经验说：学外语要趁年轻，老了就来不及了。

> 实验说：只要肯下工夫"死记硬背"，无论多老，你都可以熟练掌握外语。

学外语是小孩的特权？错！老年人也可以掌握细微的发音差别与新的概念集合，而且方法简单，只需"死记硬背"。研究发现，经过反复训练，日本人也可以区分 r 和 l。现在，你没有任何学不好外语的借口了，除了懒惰。

外语难，难于上青天

当你看到这篇文章的时候，无数孩子正在艰苦地与外语做斗争——单词、短语、句子……尽管看不到他们痛苦的表情，但你一定懂得那种艰辛。当然，作为一个英语不灵光的成年人，你会更加嫉恨这个学习的过程——一般认为，成年人更难学会外语。当然，除了外语，其他所有自成系统的概念集合，对于成年人来说，似乎都是令人生畏的。

头脑风暴

头脑当中的巨变往往可以巧妙触发。对语言学习来说，本质也是如此。实际上，早在人类最初接触学习外语的时候，有一种方法就已经屡试不爽了，但它却被认为是最为低级、枯燥、机械的一条路，那就是——"死记硬背"。

关于其优劣之处的探讨，或许早已是外语教育者和学习者的老生常谈，但是在2005年伦敦学院大学人类交流研究中心举办的一场特殊的"语言理解力的可塑性"研讨会上，专家学者又重新讨论起了这个话题。

保罗·艾弗森（Paul Iverson）博士和瓦莱利·哈桑（Valerie Hazan）博士所作的报告给出了针对"死记硬背"的新结论。他们的研究结果显示，成年人在外语习得过程中的困难，从生物学角度而言并非不可挑战。与之相反，若给予适当刺激，成年人的头脑可以经历二次训练，并有机会以相对容易的方式"写入"一套新的语言。

伦敦学院大学语音学与语言学系的研究者们发现，儿童和成年人在面对语音刺激时表现出了巨大差异。儿童在学习母语时，对于语音的细微差别比成年人要敏感得多。即使是在学习外语时，儿童的这个优势也依然存在。相比之下，成年人的头脑已经深深地被母语所"固化",也就是说他们的头脑已经有了选择性区分:对于非母语的语音差别刻意忽略,但对于母语的语音差别则有意关注。这一点很实用,让他们可以更好更省事地用母语进行交流。

然而两位博士的报告中却提出,通过重复性的语音听力训练,测试者对于外语语音的辨别力强多了,敏感度也有显著提高。

日本留学生向来难以区分英语中的 r 和 l 的发音。实验组在伦敦和日本一共募集了 63 名志愿者,让他们接受一套重复听力训练,并在训练展开的前后分别测试,判断他们的英语语音辨别能力。仅对于 r 和 l 的语音辨别这一项而言,课程前测试的日本志愿者表现的平均准确率是 60%,而在课程结束之后,这个数字就上升到了 78%。

保罗·艾弗森从语言的经验角度提出了问题的关键:学习母语的时候,每学到新的单词概念或语法概念,负责语言的复杂神经网络就会发生变化。随着母语的反复刺激,业已形成的记忆得到逐渐强化和固定。所以说,一旦人对母语产生熟悉,大脑里的语言神经的可塑性就会大大降低,这就是造成成年人外语学习困难的"罪魁祸首"。

成年人经历过特殊的训练,将母语对语言感知力的"固化"作用减弱以后,就将迎来更加轻松的学习过程。这种训练的重要组成部分,就是让人反复收听母语当中所不存在的发音。简单的新型语音多次重复刺激,原先"固化"的语言神经网络随即开始松动,外语学习的枷锁由此得到解除。

"强制导入"的高效神奇

无独有偶,最近发表于《神经科学期刊》(*Journal of Neuro-science*)的一篇语言学论文里,尤里·什特罗夫(Yury Shtyrov)博士和他的团队也共同诠释了"死记硬背"的神奇功效。他们为 16 名身体状况良好的测试者每人选一个外语单词,于 14 分钟内连续播放 160 次。之后的脑电波测试表明,经过"洗脑",测试者的大脑的确形成了全新的神经回路。这些回路专门负责在听觉系统接收到相应信号时,让大脑识别出单词的语义。

目标单词每重复播放 20 遍,科学家就对测试者进行一次脑电波检测。测试内容是让试者听一组各不相同的外语单词。其中包括目标单词,还有一些读音和目标单词相近的其他词。开始时,测试者听到发音相近的那些词时会出现新型脑电波脉冲,但是当目标单词重复次数到达 160 次(也就是第 8 次脑电波测试)之后,测试者的波形和他们听到熟悉的单词时的波形就别无二致了。也就是说,他们的大脑在 160 次的重复收听之后,就能够准确识别这个词的语音了。

这个结果再次印证了 5 年前语言理解力的可塑性研讨会上所谈到的现象。成年的外语学习者们此后不再需要担心自己的无能了,只要愿意反复收听,那么记住一个词就根本不成问题。此外,什特罗夫博士还指出,如果在反复收听的基础上再加上反复的发音尝试，那么最终形成的新型神经回路将变得更庞大、更复杂。

什特罗夫充满希望地谈到，现在这项成果，已经迅速发展了失语症的疗法。研究者们暂时称它为失语症的"强制导入型疗法"（constraint-induced aphasia therapy），这将使脑损伤的患者更快恢复语言能力，"重复收听，重复发音，重拾语言，轻松搞定"。另一名语言学教师保罗·诺布尔（Paul Noble）的工作也许和尤里的研究"珠联璧合"。他发现，相似的方法可以让小学生们"忘记"一个单词，但同时学会一个新的单词。他强调："人在没有压力和任务的情况下是最容易进行学习的。比如说你带着浓厚的兴趣，开始关注一种新的体育比赛。而你并没有刻意地去记住里面的规则，以及运动场的名字和形状，但是你却能在不知不觉中记住。"

神经网络的"形态竞争"

其实人的头脑就如同一台计算机——当然，更多时候人脑和计算机的差异是巨大的。在被写入一套操作系统（一种语言）之后，语言区的神经网络就会重构，许多轴突会迁移到别的神经元树突上，有的原始链接则会断开，只有这样才能适应这套操作系统。

但是从此之后，它就会主动拒绝另一套操作系统（另一套语言）的写入。这个过程是因为母语反复的刺激而产生的神经网络的"固化"，它大大降低了大脑最初的语言感知力。因为语言习得和记忆的本质就是靠改变大脑语言区的神经网络结构来完成的功能转变。从功能主义的角度来讲，外语学习只不过是形态变化导致功能变化的一个复杂过程而已。

随着年龄的增长，我们越来越了解并熟悉母语。与此同时，我们听到外语语音的时候，也越来越迟钝，即更加倾向于将它们当成非语言的声音信号来处理。学习外语的困难，乃是由于神经网络固有的惯性所致。

"死记硬背"——语言惰性的克星

假如你是一个为学外语而烦恼的人，那么就请满怀信心地开始"死记硬背"吧，别再踌躇不前了，这个办法将帮助你克服绝大多数能够预见的麻烦。只不过，请别忘记在适当的时候让大脑休息，否则你很可能真的被机械化地"洗脑"了。

重要时刻，大脑为何一片空白？

By 艺 茗

> 经验说：太紧张了，脑子一片空白！

> 实验说：对结果的担心占用了你的工作记忆，这才是导致大脑空白的原因。

"大家好，我叫不紧张！"平时看着特别靠谱和稳妥的一个人，可是一到关键时刻就会掉链子。这是为什么呢？因为压力也是占"内存"的，"内存"不够，你自然就秀逗了。

"大家好，我叫不紧张。"本山大叔的桥段在真实生活中大概不会出现。不过，站在演讲台上，面对台下无数双眼睛，心跳加速，手心出汗，一心想不要紧张却偏偏紧张得要死，这种情况并不少见。

从小到大，你肯定经历过不少次重要考试、大型比赛和当众演讲。为了那个重要的时刻，你已经准备了无数个日夜，就等临场一发挥，抱得奖杯归。但是，一到临场，词说了一半，下半句却怎么都想不起来了，眼前的考题无比眼熟，脑子就是转不过弯，球拍挥到空中打出的球就是不在道儿上……关键时刻，你一瞬间的"卡壳"压倒了之前无数次的努力，生活怎么能这么不给力呢！

这种时候，你可能以为是自己太紧张了，下次一定要放松。但其实，紧张情绪并不是真正原因。芝加哥大学的心理学家塞恩·贝洛克(Sian Beilock)为此进行了一系列实验。他发现大脑"卡壳"的秘密，原来在于"工作记忆"(working memory)这片田。

人的记忆分为长时记忆和短时记忆，而工作记忆就是短时记忆的一部分。长时记忆就像是超大的计算机硬盘，永久存储着你的记忆；而工作记忆，就像是内存，只放那些你正在用或者马上要用的东西。和计算机的工作原理类似，你需要的信息会先从长时记忆中提取出来，放到工作记忆中，然后再通过你的五官四肢执行。

日常生活中几乎每件事都离不开工作记忆——三块五减两块八等于多少？你要在工作记忆里进行计算。鞋带散了要重新系？你的工作记忆会立刻清空刚才的结果，改成"两根鞋带交叉打结"的指令。

贝洛克发现，一个人如果太担心结果，那这种担心就会占用工作记忆，而且长据不走，结果你需要的信息就没地方放了。就像是内存满了，硬盘里有再多信息也是白搭。

有时候担心是源于你自己的不自信，也有时候担心是源于刻板印象。比如女生们担心数学物理考试分数会比男生们低，黑人兄弟怕自己比不过白种人，他们的工作记忆里充满了这些担忧，而真正该放的东西怎么都挤不进工作记忆里来。

要让工作记忆空出来，方法其实很简单。随便找一个想开始就开始、想停止就停止的东西占着它就可以。哼个小曲儿，唱个小调儿，让工作记忆里充满音符。你在考场不能唱歌？那就想一些其他的事情，只要是你能控制的念头就行。或者你也可以回忆一下考试重点或者动作要领，想一想你打算说的话，反正一会儿用得到，不怕这些东西赖着不走。

总之一句话，重要时刻，工作记忆里只能存放两种东西——你能控制的和你需要的。当命运再次降临时，别再让硬盘里的绝技们空等，深呼吸，释放它们吧！

想要提高记忆力？ 做梦去吧！

By　豆豆助

> 经验说：不好好学习，就知道睡觉。

> 实验说：要想记忆好，睡觉不能少。

睡眠常常被看做衡量勤奋与懒惰的标准，其实，睡觉是磨刀不误砍柴工。研究发现，做梦可以促进人的记忆。

有没有办法能让人不费吹灰之力增强记忆力？做梦吧你！

不过，实际上还真有这样不费吹灰之力就能增强记忆力的办法——不是别的，就是做梦。

你可能有过这样的经历：白天数学题做多了，晚上做梦梦到的也都是数学。白天英语学多了，晚上说梦话都会大飙英文。遇到这种情况，一般的经验之谈就是"日有所思，夜有所梦"，"你神经太紧张了才会这样子"。而科学家们却在研究，我们做这样的梦对我们的记忆究竟会有什么帮助。

睡眠有助于大脑吸收新知识。很多研究表明,我们睡觉的时候,大脑也没闲着。它会忙着巩固这一天发生的事情的记忆,并且将这些记忆与我们已经知道的事情联系在一起。

那么做梦呢?它又有什么帮助?

很早就有研究者发现,那些走迷宫的老鼠睡觉时的海马神经活动跟走迷宫时很相似,这些小家伙好像在梦中重播走迷宫的场景。当然这只是揣测,我们不可能叫醒酣睡的老鼠,然后让它说说看刚刚是梦到走迷宫还是吃奶酪。

神经科学家埃林·瓦姆斯利(Erin Wamsley)和罗伯特·史蒂克戈德(Robert Stickgold)找来了一批更好的实验对象——哈佛大学的本科生。他们让这些学生在电脑前坐 45 分钟,玩一个虚拟现实迷宫的游戏。科学家们将一个特定的对象设为终点,让学生们记住,然后让他们从迷宫里随意的点出发,找到返回终点的途径。做完游戏之后,学生们被分为两组,一半的人去睡觉,一半的人则留下来看录像。科学家们用脑电图探测了睡觉组的大脑活动,之后在中途叫醒他们一次,问梦到了什么,或者在睡完午觉之后问他们做梦的情况。

结果不出所料,在第二次测试中,睡觉组比不睡觉组更快地找到了特定目标。而 4 名做梦梦到迷宫的被试更厉害,他们的速度不仅提高了,而且还是其他睡觉组成员的 10 倍,遥遥领先。

梦是怎么对记忆力起作用的呢?

　　尽管这些做梦的被试报告说他们梦到了迷宫的图像或者听到了电脑程序的背景音乐,但史蒂克戈德注意到他们的梦并不是对经验的精确重现。比如,其中一个学生不仅梦到了迷宫的影像,而且还梦到了几年前自己在一个蝙蝠洞探险的经历。这些梦表明,大脑并不试图建立过去所发生事情的精确记忆,而是试图把新的记忆纳入已有的知识体系之中。史蒂克戈德说:"好像大脑试图指明当我再次进行迷宫测验的时候,我过去的那些经验会对我有所帮助。"

　　大家都知道睡觉前和睡觉后记东西比较牢,那是因为睡眠消除了后倒摄和前倒摄的作用。而史蒂克戈德的研究则首次证实了做梦也有助于记忆力的改善,因为它不仅重现当前的经历,而且还唤醒了以前的相似经历。虽然实验还有很多有待改善的地方,但这无疑是一个良好的开端,它让人看到了大脑的巨大潜能。或许梦永远都不能像周公解梦所说的那样,是未来吉凶祸福的征兆,但现在看来,凯库勒因为梦到一条咬住自己尾巴直打转的小蛇而想出了苯的分子结构,这类事情应该并不只是一个美丽的传说。

　　这个实验的结果让人惊喜,同时也引起了人们巨大的好奇。为什么有些人梦到了迷宫而有些人没梦到呢?梦到迷宫的人的神经元活动跟其他人有什么不同呢?有什么办法能让人主动地梦到想要记住的东西……这些问题都有待科学家们逐一解决。

　　当然,最高兴的当然还属我这样的懒人,因为又找到了一个让自己理直气壮睡懒觉的理由。

　　想要提高记忆力?做梦去吧!

要提高创造力：换个人称代词

By　Less Dilettante

> 经验说：创造力是一门内功，需要多年的修炼才能得到提高，速效提高创造力的秘方？ 这个真没有！

> 实验说：将第一人称改成第三人称，增加和问题的心理距离，或者可以换个角度思考。

21 世纪什么最贵？人才。人才贵在哪里？有创造力！怎样提高创造力？方法很多，但这么简单易行、科学靠谱的估计你以前没听说过。请听好：解决问题时，先想想别人。没错，增加心理距离可以增加我们的创造力。

地球人都知道 21 世纪最贵的是人才，而人才最重要的是有创造力。于是各种公司招聘动不动就来个创造力大测试。

"井盖为什么是圆的？"

"中国有多少辆汽车？"

"一个囚犯被关在一座高塔里。他在里面找到了一条绳子，但这条绳子只有塔高的一半。他把绳子分成两部分，并成功地逃走了。请问他是怎么做到的?"

这到底是要怎样? 这些问题跟工作有什么关系? 创造力,你长得什么样?

镇定镇定,上有政策,下就该有对策,且问,有没有提高创造力的速效配方呢?

提高创造力的速效秘方

这个真的有! 而且很简单,甚至简单到只需换个人称代词。纽约大学管理与组织学教授埃文·伯尔曼(Evan Polman)和康奈尔大学组织行为学博士生凯尔·埃米赫(Kyle J. Emich)发现:换个人称代词就能显著提高创造力。

他们做了四个实验来验证自己的假设。第一个实验里,参与者需要画外星人,一组参与者被告知他们画的外星人会用于别人所写的故事,另一组则被告知外星人会被用于他们接下来自己要写的故事。结果显示,前一组的创造力显著比后者高,画出来的外星人更"诡异"。

是为了难为别人,参与者才这么做的吗? 实验设计者于是又展开了第二个实验。这次参与者被分为三组,任务是想出五种生日礼物。不同的是,一组给自己,另外两组分别为亲近的他人(生日与参与者在同一月份)和生疏的他人(生日与参与者在不同月份)。结果发现三组的创造力依次递增。

生日会不会限制思路? 于是,第三个实验又在第二个实验的基础上控制了被试掌握的关于亲近他人与生疏他人的信息量。信息量对结果并没有影响。

最有趣的是第四个实验,用到了前文中提到的第三题(囚犯如何用绳子逃跑)。一半参与者想象自己被关在塔里,另一半则想象别人在塔里。后者答对这个问题的概率要显著高于前者(答案是把绳子分成两股)。

无独有偶,印第安纳大学心理学博士莉莉·嘉(Lile Jia)及其同事也发现了一种类似的方法。他们给参与者做了一个语言技能测试(其实就是让参与者例举交通工具,不限时),但一组参与者被告知该测验是印第安纳大学与普渡大学印第安纳波里斯联合分校的学生开发的(距离近),另一组则被告知测验是由在希腊留学的学生(距离远)开发的。结果,后一组在测试中表现更好。

心理距离是关键

这两个实验,一个变化人称代词,一个改变地理距离,其实都是在调节心理距离。为什么调节心理距离能够改变人的创造力?这可以用"解释水平理论"(construal level therory,CLT)来解释。这一理论是近十年发展起来的社会心理学理论,已被大量研究所支持。解释水平理论认为,不同的心理距离决定了人们对认知客体的解释水平,处于高解释水平时人们看问题更核心,而处于低解释水平时人们看问题会受到更多偶然、次要、情景因素的影响,从而影响了其决策和判断。

　　解释水平理论最早从关注时间距离开始，慢慢扩展成一个心理距离的统一理论。它解释了很多生活中的普遍现象，如计划谬误(planning fallacy)——人们在计划未来时，往往为未来安排过多的事物，设定过于理想化的目标，而实际实施时却很难完成计划。总之，心理距离远了，人们就能以更抽象的角度看问题，受到更少的思维禁锢。

逛街勿在下班后

By 塔塔

经验说：上了一天班已经这么累，逛街肯定买不动东西了。

实验说：下班后逛街可能买更多。

自制力和肌肉的力量一样，使用时间长了都会累。紧张忙碌了一天，面对商场里的各种诱惑，怎么抵挡得住？

"只逛不买，只逛不买……"尽管心里不停地叨念，可是当你在商店触摸那柔软的物品、闻到诱人的香气时，还是会心潮澎湃。难道你的意志力真的这么差？

研究者们关注的是什么让我们的自我控制力败下阵来。美国明尼苏达大学的沃斯(Vohs)博士认为，我们在各种情境下的自我控制，都是在调用自我调节资源。自我控制的对象囊括方方面面，例如想法、注意力、表情或行动。这种调节资源是有限的，就像一

048

方水池中的水。当水池满满的时候,即使容易冲动购物的人也能理智地决策;而当水量不多的时候,我们对冲动与欲望的控制力也会降低,更容易冲动性购买。这意味着,如果前一件事耗费了大量的控制资源,那么你对下一件事的控制会变得困难。

现在注意一下你的呼吸,当你不注意的时候,呼吸动作就这么不费神地自动完成了。现在试着屏气,当你刻意做这个动作的时候,是不是就很难再像刚才那样专心干其他事情了呢？沃斯博士猜想,自制力有限也应该是这个道理。

为了证明这一点,沃斯请两组被试观看一位女士面试的无声录像,并要求他们在结束后对女士的人格进行评价,这仅仅是一个幌子。真正的考察在于录像的底部间断出现的一系列常见单词,一组被试被要求不能把目光移到单词上,如果他们发现自己在看单词,必须马上把注意力切换到录像内容上。而另一组被试则无此提醒,他们可以随意地将目光在单词和录像内容之间切换。录像结束后,要求两组被试对一些不常见的物品例如手表、汽车等进行估价。

结果,那些在观看录像时不得不克制自己视线范围的观众,他们对物品给出的心理价位更高。这证实了沃斯博士的猜想。当控制资源减少时,人们对自己消费的控制能力减弱了。

进一步的研究则发现,各种需要自我调节的任务,例如不断地压抑念头、强制展露出愉快的表情等方式,都会降低调控资源这个水池的水位,其结果不仅是购买意图的增长,更带来了实际购买花销的增加。此外,资源的消耗对具有冲动特质的个体影响更大。如果你平时冲进商场就会涌上莫名的兴奋与激动,那么小心翼翼地工作了一天之后,就尽量不要踏进商场的大门了。

自我调节资源不仅会影响购买意愿和实际购买行为,甚至也扩展到进食、性生活等方面。另一项研究表明,在完成一件费力控制的任务后,被试会比控制组吃得更多。而这其中,节食者又比非节食者吃得更多——他们平时控制饮食颇为辛苦。

所以,在神经紧张一天之后疯狂购物或饕餮大吃也许不是好的选择。还是泡个热水澡,美美地睡上一觉,等你的水池蓄满水以后再出发吧!

关键时刻掉链子是为什么

By　0.618

> 经验说：不能全力以赴，说明你对事情不上心。

> 实验说：关键时刻给自己设置障碍，是一种自我保护，减轻失败带来的伤害。

越重视的事情，我们越能全力以赴吗？为什么有时总是关键时刻掉链子？其实，给自己设置障碍也是一种自我保护，这样可以减轻失败带来的伤害。

精心准备了一个月的会议发言，当天却忘记带演讲稿。

明天就要考试了，今天偏要熬夜看球。

等待了多年，终于可以站在奥运会的赛场上，却意外受伤。

为什么我们总是在关键时刻掉链子？

因为我们宁可承受一时的失败，也不愿被全盘否定。"我已经尽力了。"结果却失败，这说明能力不够，基本已经没救了。这比"因为受伤而失败"可要残酷多了。

史蒂芬·博格莱斯(Steven Berglas)和爱德华·琼斯(Edward E. Jones)给这种行为起名叫"自我妨碍"(self-handicapping)。他们发现，自我妨碍是一种普遍的自我保护机制。实验让参与者做一些很难、基本无解的题。很快，结果出来了(只是个假结果)。

——真是个天才！你现在是我们见到过的最高分！

——哪里哪里，我只是一时幸运。

——在继续进行下面的测试前，你必须吃下一种药。"聪明药"可以促进你大脑的思维；"傻瓜药"会干扰你大脑的活动。选一个吧！

——呃……"傻瓜药"好了……

(上次成绩好，说不定是走了狗屎运。万一吃了"聪明药"，成绩反而没以前好了，那就丢死人了！如果我吃了"傻瓜药"还能考出一个不错的成绩，那就更说明我厉害了。嗯，就选"傻瓜药"！)

这位同学成功通过给自己设置障碍的方式保住了自尊，但是，给失败找借口可不是个好习惯。在另一个实验中，实验者把参与者分成两组，一组在正常环境下测试，另一组则被施加各种干扰(如噪音等)。测试分为几轮，中间有准备时间。正常组的参与者都利用这个间隙好好准备，而干扰组的参与者却优哉游哉地在一边玩儿。因为他们已经有了失败的借口，不一定非要争取成功。

那些对自己期望特别高的人比较喜欢使用自我妨碍，男性比女性表现更强烈。这些人对自己抱有不切实际的幻想，对那些经常逃课，不按时交作业的大学生的调查发现，他们自以为自己属于班里的前 10％，但实际上，考出来的分数也就刚到及格水平。

一次两次的自我妨碍，别人也许会相信那不是你能力的问题。可是老用这招就不灵了，会被人觉得不靠谱。

那些拖延症啊什么的，说白了，也都是在给自己找借口——不是我能力差，只是我懒惰，我拖拉。看，我在这么短的时间内一样能完成得这么好！

别让自己养成自我妨碍的习惯，从不给自己找借口开始吧！

chapter 2

他她：认识自已多一些

深入我们最深层灵魂胜地，似乎使我们成为不可抗拒的力量的玩偶的因素是：死亡和变化，过去的不可变更性，以及人类在宇宙从虚无到虚无的盲目变化中感到的虚弱无能。我们人类应该感觉它们、了解它们，并征服它们。

——罗素

你爱的是他，还是你的心跳？

By 0.618

经验说：每次看到他我就脸红心跳，我一定是爱上他了。

实验说：脸红心跳的感觉确实会让你对面前的人产生好感。

你以为你爱上他了？你怎么知道？你凭什么这么说？别太相信感觉，那些都是浮云，你很可能爱上的只是自己的心跳……

约他去哪里呢？

想让他对你产生"那方面"的想法，就带他去感受心跳吧！看电影专看恐怖片，爬山专挑陡的爬，游乐园专玩过山车……为什么？因为他会以为心跳加速、血脉贲张的感觉是由你带来的。

口说无凭，实验为证。英属哥伦比亚大学心理学家唐纳德·赫顿（Donald Gutton）就设计了这样一套让人心跳的检验方法。

他们找到一座很高很危险的观光桥,安排了一个经过训练但对预期结果一无所知的女生作为实验员,站在桥中间等待。一会儿,一个身影缓慢地走近,他紧紧地抓住吊桥的铁索,一步一步小心地移动过来。近到前来可以发现,此人光棍一条,而且年龄在18~35岁之间,看来符合要求。于是,她凑上前去请他配合填写一份心理问卷,先评价一下这座桥,然后看图讲一个故事。最后,给他留一个电话,如果想知道调查结果,打电话找小 G 就可以啦。作为对照,一模一样的情景,又在附近一座结实的普通交通桥上上演了一遍,并告诉对方,打电话找小 D。

以后的一段时间里,实验人员静候在一旁,他们总是能接到打给小 G 的电话,而找小 D 的却很少。分析了两组问卷发现,第一组参与者报告说吊桥很刺激,而第二组参与者没有感觉。再来分析他们讲的故事,给不同情节的"限制级"打分,最高的是提到做爱情节,给 5 分,最低的是提到女朋友,给 2 分。得分显示,吊桥组明显比普通桥组分数高。

是吊桥让人变得重口味,还是重口味的人喜欢吊桥? 为了解答这个问题,唐纳德教授又安排了准备上桥但还没上的游客和已经从桥上下来 10 分钟以上的游客与吊桥组作对照,发现这些人并不像吊桥组那样重口味。

那会不会是因为参与者怜香惜玉所致呢? 看到楚楚可怜的实验员一直站在危险的吊桥上收问卷,于是想帮她一把? 如果能够在安全的实验室里,只让参与者一个人受到一点惊吓,而他旁边的美女顶多跟他一样,而没有别的特别的不幸遭遇,会不会也达到同样的效果呢? 实验者按照这个思路也验证了一下,果不其然——越受惊吓,参与者对美女的好感越强烈。

人类的爱,既有高级的认知层面,也有本能的生理层面。通常,我们自己也说不清到底是"因为美丽而可爱"还是"因为可爱而美丽"。为什么看到他就脸红心跳? 我一定是爱上他了……其实,大脑的逻辑有时就是这么简单,到底是不是爱上她了,还真说不准呢!

暧昧增加吸引力？

By 琦迹 517

经验说：爱他就快告诉他。

实验说：不确定，更吸引。

爱我？不爱我？爱我？不爱我？……他的若即若离，他的忽冷忽热，让你的小心脏每天都像关着一只薛定谔的小猫，无法专心工作。可是，一旦知道了他也是爱自己的，乖乖，那茶饭不思的强度反而突然下降了。所以说，爱情中的不确定态度的确可以增加吸引力，所有伟大的爱情，都从暧昧开始！

老男孩表白的吉他声还没散去，电影《初恋这件小事》中的小水也鼓起了勇气向阿亮学长表明心意，在这个全民表白的寂寞季节里，你是不是也想把早就写好的情书塞给心爱的那个他，或者策划一个惊天动地的行动—表爱意？别着急，先看看有没有什么科学爱情攻略才是当务之急。

也许有些人会超然地撂下一句：爱情的世界没有理性！现在

我告诉你，如果运用科学的力量，找到非理性中的可预测规律，能提高哪怕1％的可能性以获得一份甜蜜的爱情，你愿不愿意抛开那个消极的成见，继续做一位相信科学的好青年呢？如果愿意，那就接着往下看吧！

试想现在寂寞的你打开了人人网或者脸谱网(Facebook)，或者未来推出更多 SNS 功能的果壳网的个人主页面，忽然看到一大群陌生的异性面孔访问了你的主页，你肯定会纳闷。这时一个神秘的声音告诉了你每个异性对你的态度，出于好奇，你回访了这些异性面孔的主页，并仔细观看了他们的个人信息，然后，你觉得哪个人最吸引你呢？是那个相貌出众的，是那个多才多艺的，还是……

弗吉尼亚大学的埃林·惠特彻奇(Erin R. Whitchurch)、蒂莫西·威尔逊(Timothy D. Wilson)以及哈佛大学的丹尼尔·吉尔伯特(Daniel T. Gilbert)正好做了一个关于吸引力的研究，并在《心理科学》上发表了他们的研究成果。而他们的参与者，恰好就是爱挂脸谱网的女大学生们。

他们让这些女大学生观看一些访问过她们脸谱网主页的男生们的个人资料，并随机地告诉女生每个男生对她们态度：1. 非常喜欢；2. 对她们感觉一般；3. 有些说不准，也许很喜欢，也许只有一点点感觉。然后让女生们去评价每个男生的吸引力。

什么样的男生最吸引这些女生呢？英俊的外表？不是。杰出的才能？也不是。有个李刚那样的"好爸爸"？更不是了。那是什么呢？

是他们对女生的态度！研究得到的结果符合社会心理学的

"互惠原则"，也就是女生们更容易被喜欢她们的男生吸引。但相对于那些"非常喜欢"自己的男生，对女生态度不大确定的男生，更容易被参与的女大学生认为是最具有魅力的"爱情杀手"。

看到这个，广大有经验的帅哥美女一定想起了这样一种感觉——以前总觉得那个他很有魅力，但当他向自己表白后，却感觉强烈的渴慕减少了很多……而没有恋爱经验的人也一定体会过相同的感受：喜欢柜台里的玩具，每天都缠着父母买，生怕某天被别人抢走，可有一天爸爸妈妈把玩具放到了床头，却感觉它不再那样吸引人了……

人们似乎总是更迷恋那些让人捉摸不定的事物，尤其在爱情这个领域。面对如此神奇的爱情，你是不是希望有一个仙风道骨的什么子能够引经据典，一边摇着羽扇，一边吟唱道："情者，诡道也……"然后再向你传授欲擒故纵的"爱情三十六计"？

现在，埃林·惠特彻奇（Erin R. Whitchurch）等人的研究已经证明，不确定性的确能够增加浪漫的吸引力。那么，那些正准备打破这种"不确定性"的表白勇士们，你们真的想好了吗？你们真的已经准备好了吗？如果你觉得时机成熟了或者你无所谓被拒绝，那就继续行动吧！但如果你想增加获胜的筹码一击必胜，就请强忍住内心的冲动，让她再多享受享受这种若即若离、忽冷忽热、犹如薛定谔小猫乱撞的不确定感吧！

其实我们决不赞成玩"暧昧"，凡事一定要有度，只希望更多的剩男剩女能利用科学的力量，更确定地找到属于自己的真爱，哪怕是使用"暧昧"这种"邪恶"手段……最后，祝天下有情人终成眷属！

聊得投机，才能情投意合

By　Synge

经验说：爱情不需要语言。

实验说：恋人间语言风格越匹配，他们越有可能长久。

恋爱讲究一个"谈"字，共同语言很重要。除了共同的兴趣、习惯和价值观，两人说话风格的比配，对关系的发展也很重要。在你踩不到点的语言风格中，爱情迟早会灰飞烟灭。

男女朋友之间交往时，相配很重要。心理学研究发现，会促进恋爱关系的不仅有双方相似的兴趣、性格和价值观，还要有匹配的对话风格。聊天是两人你来我往的互相交谈，还是一方长篇大论、另一方唯唯诺诺的回应？

研究表明，两人之间的对话越匹配，就越容易擦出火花，而且关系维持得越长久。

从前,"怎样测量对话风格是否匹配"对心理学家来说像一个不可能完成的任务。但是科学工作者要做的就是把不能回答的问题转换成能回答的问题,然后给出答案。对语言进行分析的难点就在于如何量化分析指标。早期研究通过关注某一类词(如人称代词)的使用频率进行量化。那时的研究发现,如果夫妻间更多地使用"我们",而不是"你",他们离婚的概率就更低,而且对婚姻的满意度也更高。

但语言是一个互动的过程,因此不能只看单个人的说话风格,更要看两个人在对话中是否产生"共振"。心理学家使用的这种新技术叫做"语言风格匹配"(language style matching,LSM)。简单来说,就是统计双方使用某一类词语频率的相关性。

用来进行分析的词主要是虚词。虚词又被称为功能词,它在对话中经常被使用,但与具体的对话内容无关,因此可以反映人说话的风格。具体做法是,将两人对话文本分成人称代词、非人称代词、冠词、连词、介词、助动词、频率、否定词和量词九类,分别计算每一类词语两人使用的概率的相关性,再将九类的相关性平均。

来自得克萨斯大学奥斯汀分校的研究者——心理学家詹姆斯·彭尼贝克(James Pennebaker),与其学生莫里·爱兰德(Molly Ireland)一共做了两个实验来验证语言匹配与恋爱关系之间的关系。

实验一,在大学的一次快速约会中,实验者记录了40对男女在快速约会中的对话场景。在24小时之内,志愿者要向实验者报告是否愿意与约会对象继续交往。如果两人都愿意与对方交往,那么他们就会获得彼此的联系方式。在统计了约会双方对话的语言风格匹配值之后，研究者发现，谈话时语言匹配度越高的双方，更倾向于与对方开始恋爱关系。

对话时语言匹配度高的情侣，他们的关系是否会更稳定呢？在实验二中，实验者记录了 84 名志愿者 10 天内的即时通信聊天记录，并在 3 个月后调查志愿者们是否还维持着恋爱关系。通过对聊天记录语言风格匹配的计算发现，那些在聊天中越和谐的伴侣，就越有可能保持着恋爱关系。可见，语言的匹配性不仅决定了初次见面时是否能擦出火花，而且也可以预测较长期的稳定关系。

需要注意的是，语言匹配程度与志愿者主观报告的两人相似性是相对独立的。如果去除主观感受的相似性的影响，语言匹配仍可以预测恋爱关系的开始以及稳定程度。这说明谈话中的匹配双方不一定能够意识到，但确实会影响两人的关系。

这个研究毫无疑问提出了可行的利用 QQ 或 MSN 等即时通信工具来预测恋爱关系的方法。如果各位极客（Geek）①可以将这个功能实现，也许有广阔的应用前景。

---

① 极客，电脑高手，也指那些只愿意躲在网络世界里与人交往或解决问题的人。

相亲记得穿红色！

By Psychway

经验说：红色太过招摇，初次约会时可不能随便穿。

实验说：男性天生就是喜欢红色。

约会时穿什么颜色？永远流行、最保险的黑色？干净纯洁的白色？清新脱俗的绿色？明亮醒目的黄色？别伤脑筋了！心理学家告诉你，要想俘获他的心，你就得穿红色。

约会时我应该穿什么颜色的衣服呢？

男人们不都是"不爱红装爱武装"吗？不不不！如果你的身材还不足以把制服穿出诱惑，那么，偷偷告诉你，红色的衣服可以提高你对宅男们的杀伤力。

口说无凭，实验为证。罗切斯特大学的心理学家丹妮拉·凯泽(Daniela Kayser)就设计了一系列暴露男性审美本质的实验。

丹妮拉首先精心挑选了一幅女性照片。这个女性既不是东施那样的极品丑女，也不是西施那样让男人魂不守舍的精致美女，只能算折中——一个有着中等程度吸引力的金发碧眼的女大学生。接下去，她请来 12 名男性大学生协助挑选出这幅符合要求的照片。

选定照片之后，丹妮拉对照片进行了处理，处理后的两个版本唯一的区别就在于照片中女性的 T 恤颜色——一幅是穿红色的，另一幅则是绿色的。

材料准备停当，23 名性取向为异性恋或双性恋的男性大学生被邀请来参加正式的实验。丹妮拉告诉这些男生，他们马上要和一个女生在网上约会。约会前，男生们可以先看看这个女生的照片。一半男生看的是女生穿红色 T 恤的那张照片，而另一半男生看的则是女生穿绿色 T 恤的照片。

看完照片后，丹妮拉告诉男生，还可以选择 5 个问题向女生提问。可供选择的问题总共有 24 题，其中既有"你是哪里人"这种很机械的盘问，也有"我怎样才能俘获你的芳心"这类很暧昧的问题。

结果发现，看了红色 T 恤照片的男生问的问题要比看绿色 T 恤照片的男生的暧昧很多。红色诱惑，可见一斑。

你是不是感觉以上证据不够有说服力？毕竟男生们只是选择问了更亲密的问题，并没有实际表现出更过火的举动。别急，第二个实验马上证明给你看。瞧瞧男生们在行为上是如何抵制不住红色诱惑的吧！

　　这一次丹妮拉选择了一个棕色头发和棕色眼睛的大学女生照片,与红色相比较的颜色换成了蓝色。

　　同样是找大学男生来完成实验。这次告诉他们的是要与一个女生在隔壁的房间约会,约会前可以先看看女生的照片。仍然是一半男生看红色 T 恤的照片,另外一半看蓝色 T 恤的照片。

　　看完照片后,丹妮拉领着男生们到隔壁房间,告诉他们等会儿就在那儿与女生见面。此外,男生们还被告知,哪儿是女生的座位,然后凯丹妮拉让男生自己搬凳子过来,一会儿约会的时候就坐在那里。

　　凯泽发现,那些看了红色 T 恤照片的男生会选择与女生坐得更近,而看了蓝色照片的男生则远很多。仅仅是 T 恤颜色不同,就让那些看了红色的男生禁受不住诱惑,选择了与女生更为接近的位置坐下,可见红色的魅力有多大。

　　太招摇,太俗气,太夸张?无论你怎么想,红色能提高性吸引力(sexual attraction),这才是硬道理!

你不知道自己有多爱他

By　Synge

经验说：你不知道我有多爱你。

实验说：对爱情的内隐测试比自我报告更准确。

你说："你不知道我有多爱你！"其实你自己也不知道。你无法区分自己究竟是爱上了他的人、他的钱，还是仅仅是恋爱的感觉。甚至你们约会的环境、距离的远近都可以左右你的判断。不过在没有心理学家帮你做内隐测试之前，大家还是扪心自问一下吧！

爱的感觉不靠谱

你爱他吗？这看似简单的问题其实很让人困惑。

从生理上讲，爱情不过是心跳加快、血流加速。这些身体反应作为线索传送到大脑，在大脑中，情绪有关的脑岛以及与奖赏有关的腹侧被盖区和尾状核会被激活。腹侧被盖区释放多巴胺，使大脑产生爱的感觉。

爱情是一种主观感受。但我们常常无法意识到细微的情感体验，也可能被错误的情绪线索暗示。比如，走过颤巍巍的吊桥时，我们更容易将自己颤抖的双腿和加速的心跳看成是对面前美女的"爱情"，而不看做是由于过吊桥的恐惧而造成的。

当然，在更多时候，我们更是会有意无意地受到社会道德或价值观的影响，从而压抑我们的真实感受。因此我们自己也很难判断究竟是爱着对方的人，还是爱着对方的钱。

来自民间的智慧

理性会压制感性。如果尽量排除理性的监控，就有可能发现真实的感受。坊间流传的方法，是让人在尽量不思考的情况下快速回答问题，以此来发现人的真实所想。比如在电视剧《武林外传》的某集中，大嘴困惑于自己还眷恋着惠兰，还是已经爱上无双。小郭让大嘴什么都不想，快速回答了下面的问题：

"金子还是银子？"

"金子。"

"瓜子还是核桃？"

"核桃。"

"鸡肋还是鸡腿？"

"鸡腿。"

"无双还是惠兰？"

"无双。"

大嘴说出的答案让他自己也感到惊讶。那么这种方法是否靠谱呢？

心理学家的方法

心理学家认为，人的真实感受是可以通过行为反映出来的，哪怕你自己也无法说清楚自己的真实感受。举个例子来说，美国的白人通常会声称自己对黑人没有偏见，但他们在进行射击游戏时却对黑人目标的反应更快。西雅图华盛顿大学的安东尼·格林沃尔德(Anthony Greenwold)认为，对黑人目标和白人目标反应时的差别就反映了人们对黑人的偏见程度。

安东尼的理论认为大脑中的确存在内隐的概念结构，它们悄悄潜伏在你大脑中，让你察觉不到。大脑不同概念之间的联系程度就可以反映我们对不同事物的内隐态度。在很多白人的头脑中，黑人的概念与负性印象联系更紧密，而白人的概念则与正性印象联系更紧密。也许他们自己也无法意识到，但在射击游戏中就会无意识地表现出来。

罗切斯特大学的李素依（音译）(Soonhee Lee)等人将内隐联系测量的方法应用到了对恋爱关系的态度评估当中，认为这种内隐的测量方法可能比主观的判断更准确。他们采用的测量方法是所谓 GO/NOGO 任务。简单来说，在屏幕中央会依次出现一个个词语，受试根据要求按键或不按键。词语分为三类：一类是与同伴有关的名字、宠物或外号等，另外两类分别是正性词语和负性词语。在一组任务中，受试看到和同伴有关的词语和正性词语都要按键作出反应，而忽略负性词语；而在另一组任务中，对同伴相关词语和负性词语按键，而忽略正性词语。如果对方在头脑中与正性概念联系紧密，那么这两者配对时的反应就会变快；而如果对方在头脑中与负性概念联系更紧密，则这两者组合的反应就会变快。

果然，那些处于恋爱关系中的受试对将同伴和正性词语捆绑在一组时的反应更快。更有意思的结果是，在随后一年的追踪调查中，那些将对方与正性概念联系越紧的受试，他们越容易与对方保持稳定的恋爱关系。用内隐测试预测爱情保质期，比他们自己信誓旦旦报告的"恋爱满意度"靠谱多了。

爱还是不爱，答案就在你脑袋里，可是越要问个明白，它却越躲躲闪闪。在你们没有进行内隐测试之前，还是不要对口头的答案太较真了。

在心爱的女生面前，
该不该打那个架？

By 阿饭

经验说：在女生面前打架，虽败犹荣。

实验说：如果你输了，女生大脑中一个和焦虑有关的脑核就会被激活，打不赢就别打了。

在女生面前打架虽败犹荣？具有动物性的人类，和鱼一样，应该采取"打得赢就打，打不赢就跑"的策略。不要在心爱的女生面前打败仗。

以下的漫画场景估计不少人都会很熟悉：

男主角和别人打架，结果反被殴打了一顿，明恋/暗恋男主角的女主角心痛地奔上去/大喊，因而给予了男主角极大的精神力量，最后打败了恶人，拯救了世界。

那么，在男主角被殴打的时候，女主角的大脑会有什么反应呢？

《美国国家科学院院刊》(*PNAS*)的一篇文章对该问题有话要说，当然，实验是在其他动物身上做的。

研究者先从非洲坦噶尼喀湖找了些怀孕的鲷鱼，把它们放在鱼缸里，母鱼会和2条雄鱼一起，3条鱼之间有透明玻璃。然后研究者记录哪条雄鱼与雌鱼更加亲近，就把这条雄鱼标记为"优先配偶"。

然后，研究者把两条雄鱼放到一起决斗。

然后他们用即刻早期基因(immediate early gene, IEG)的表达作为脑活动的指标。顾名思义，即刻早期基因就是在神经活动有变化时会迅速（通常是数分钟内）表达发生变化的一些基因。他们主要观察了几个脑细胞，包括了负责脊椎动物社会行为的神经网络(SBN)。

结果发现，如果挑中的雄鱼赢了，母鱼大脑中和生殖有关的SBN脑细胞会激活，但如果雄鱼输了，母鱼的外侧隔一个和焦虑有关的脑核会激活。

这个研究有趣的地方是，独立于社会互动(social interactions)的社会信息本身就能够引起大脑的反应。而即刻早期基因在有关社会信息的动物研究上将会很有前景。

再回到本话题。虽然人脑和鱼脑差异巨大，但在交配方面其实还是相当一致的——都是动物性在作怪。因此，打不赢的话，就别打了。

承诺是我说爱你的方式

By LessDilettante

> 经验说：我不要你的承诺，不要你的永远，只要你真真切切爱我一遍。

> 实验说：他的诺言就是出于对你的爱，无法兑现诺言不是因为他不爱你，只怪他自我管理能力不够。

他许下承诺却没有兑现，不是因为他不爱你。相反，他的承诺是他说爱你的一种方式，越是爱你就越想给你最好的。但或因性格使然，或因困难重重，诺言总是难以兑现。面对诺言，恋爱双方都应该保持理智，切莫让爱的承诺反过来将爱一军。

是否有那么一个他，给了你一个又一个承诺，却一次次地让你失望。渐渐地，失望累积成绝望，从此你不再轻易相信别人的承诺。诺言不过是信誓旦旦的谎言穿了真诚的外衣而已。承诺的"诺"真的是有口无心吗？

加拿大劳里埃大学心理系的约翰娜·佩茨（Johanna Peetz）和

劳拉·凯姆瑞斯(Lara Kammrath)让情侣中的一方为了解决两人间的某个冲突对另一方许下改变的承诺,并于两周后调查他们履行承诺的情况。研究发现,满足对方需求的动机越强烈,作出的承诺越大、越多,也越愿意为了实现承诺作出更多的努力。也就是说,他越爱你,越会对你许下承诺。承诺中是有真情的。

然而,浓浓的爱意影响了他对自己的能力和潜在困难的判断,他的承诺难免出现"假、大、空"的情况。约翰娜·佩茨和劳拉·凯姆瑞斯在研究里发现,诺言无法得到兑现是普遍的现象,参与者实际做的总是比他们承诺的要少。

爱让人们作出更多承诺,却不能支持他们履行自己的承诺。研究中,参与者的实际行动与他们满足对方需求的动机关系不大,而主要与参与者的自我管理能力有关。约翰娜·佩茨和劳拉·凯姆瑞斯用大五人格中的尽责性(conscientiousness)①来估计参与者的自我管理能力。尽责性高的人,实际行动多。因为这样的人更能够克服履行承诺过程中遇到的种种困难。

悲剧的是,虽然他作出的承诺出自真心,而无法兑现承诺却是因为他不能持之以恒。承诺产生了较高的期待,失信却让人更加失望,进而降低了你对他的爱和好感。

———————

① 大五人格(OCEAN)是目前最主要的人格理论之一,认为一个人的人格可以分成5个基本维度:开放性(openness)、尽责性(conscientiousness)、外向性(extraversion)、宜人性(agreeableness)和神经质(neuroticism)。尽责性处于高分端的人做事有条理、有计划,并能持之以恒;而低分端的人则马虎大意、见异思迁、不可靠。

　　不仅只有你根据他的实际行动来推测他是否真心，连当事人自己也这么认为。佩茨和凯姆瑞斯在研究中发现，多数承诺者也认为自己不能兑现承诺是因为不够爱对方（实际上并没有关系）。一切只是场美丽的误会，信誓旦旦的承诺一时缓和了关系，不能得到兑现的诺言却更深地伤害了彼此的感情。

　　所以，小心被爱情冲昏了头脑，许下摘星星捞月亮的承诺，暂时把她哄上天堂，随后又使她跌入地狱。特别不要轻易挑战难度较高或者需要坚持的事情，比如戒烟。否则，不但烟没戒断，还赔上了感情。

为什么你背着我勾搭别人？

By　Hcp4715

> 经验说：忠贞，只因爱得深。

> 实验说：忠贞不止是爱，更是一种执行控制能力。

为什么你背着我勾搭别人？你不爱我了吗？不一定,也许只是"执行控制能力"差而已。执行控制能力强的人不仅能在工作中排除万难,更能在爱情中对其他俊男美女心如止水、坐怀不乱——前提是没有压力和酒精作祟。

"别考验爱情,爱情经不起考验!"姚晨离婚事件后,有人感慨道。

那么,爱情到底经不经得起考验? 最近《人格与社会心理学》期刊(*Journal of Personality and Social Psychology*)发表了心理学家普隆克(T. M. Pronk)等人的研究,他们发现"执行控制能力"可能是考验爱情的关键之一。

执行控制力强的人善于排除万难争取最后的胜利。而在爱情中,执行控制能力越强的人越会不自觉地使用一些方法来保护爱情,比如少看帅哥美女、看到帅哥美女也觉得不咋地、尽量少和异性打得火热。

这样的措施对爱情的长久有没有作用呢?普隆克找来了处于稳定恋爱关系中的男女若干人,测量他们的执行控制能力,然后让他们报告在恋爱中对对方保持忠诚的难度。高执行控制能力的个体在保持忠诚上表现得毫无压力。

有人可能会说,自己报告的东西,靠谱吗?为了得到更靠谱的结论,普隆克等人使用了真实场景来考查执行控制能力与抗拒诱惑之间的关系。

这次实验的参与者均为处于恋爱中的男性,执行控制能力测量采用的则是工作记忆更新任务。任务进行一大半后,以设置下一实验为由,请参与者到外面的房间等待。而在这个房间里,有两个美女也在"等待"(两位美女都是"托儿",对参与者友好但不会太过)。参与者在等待期间与美女们互动的10分钟将被拍摄下来用于实验分析。

10分钟后,参与者继续实验。最后,请他们评价美女的吸引力。美女们和另外4位评分者在观看录制的视频后,分别对参与者的搭讪调情程度进行评分,以此作为抵抗诱惑的指标。统计结果表明,执行控制能力能很好地预测了参与者和美女搭讪调情的程度:执行控制能力越高,搭讪调情行为越少!

　　难道说这些高执行控制力的人面对诱惑总是这样坐怀不乱、心如止水吗？这个实验中使用"颜色词命名任务"（也叫"Stroop任务"，就是念用黄色写的"绿"字会不会容易出错之类的）来考查执行控制中的抑制能力，参与者中有单身者也有非单身者。

　　参与者会被安排参加"交往"游戏，通过电脑认识另一个人（还是"托儿"），这个游戏中可以看到对方的照片并与对方聊天，通过"交往"实验让参与者认识到对方是很有吸引力的异性。最后让参与者评价对方的吸引力程度和想在现实中认识对方的程度。

　　高执行控制力的人不是木头，他们也会被"诱惑"，不过前提是必须处于单身状态。

　　处于恋爱中的人，不可避免地会碰到一些有吸引力的异性，这就要相信他的执行控制能力。不过普隆克还说："影响执行控制能力的因素很可能也会影响人们抵抗诱惑的能力。"工作量、压力、酒精等都是执行控制能力的杀手。

　　在此提醒各位恋爱的朋友，要恋爱愉快的话，必须保持高执行控制状态，还要避免工作、压力等干扰因素的影响！尚未恋爱的朋友也要注意，是不是该考虑一下在择偶标准里加上一条"执行控制能力"呢？

爱他，原谅他

By Dindin

经验说：伴侣之间常常发生冲突，怎么能一起安安稳稳过日子呢？

实验说：若要人长久，不要太"记仇"。

"般配"是天长地久的秘诀，你们越"相像"就有可能越契合。但是世界上不可能会有另一个自己，两个人在一起难免出现磕磕绊绊，怎么办？事实上，矛盾本身并不会影响你们的关系，只有"记仇"才会让对方不满。

恋人之间都会有这样的体会：总是想和他在所有事情上都达成一致，似乎只有这样才能证明两个人是天造地设的一对，任何意见不合都会让人觉得两个人没法继续在一起了。问题是，统一意见可不是件容易的事情。不能达成共识就闹翻，恐怕最终只能落个"齐天大剩"之名。

明尼苏达大学的心理学家莱恩·斯蒂尔(Ryan D. Steele)和

杰弗瑞·辛普森(Jeffry A. Simpson),以及儿童发展中心的杰西卡·萨尔瓦多(Jessica E. Salvatore)、郭青云(音译)(Sally I-Chun Kuo)和安德鲁·柯林斯(W. Andrew Collins)共同进行了一项别致的研究,研究对象是 73 名 20～21 岁之间从小被追踪研究的儿童及其长大后的情侣(最终获得完整数据的有 69 对)。研究内容是当情侣之间发生冲突的时候,哪些情侣的关系满意度更高,哪些情侣的关系更稳定。研究者想搞清楚的不是恋人们解决冲突的秘诀,而是当冲突不能完全化解之时,情侣们不同的反应对关系起着怎样的作用。

研究者首先让每对情侣发生"冲突"——进行 10 分钟针锋相对的争论;然后进行"冷却"——4 分钟温和的对话;最后安排"合作"——2 个人共同完成一个任务。整个过程被录像。4 名受训的观察员通过录像对每位情侣在发生冲突后恢复常态的程度进行评分,分数为 1～5 分。1 分代表这个人还在气头上(他们会在"冷却"阶段反复回到争论中,在合作阶段采取不合作的行为),而 5 分则代表这个人已经"放下"(会在"冷却"阶段就已经有了积极正向的言行,且完全不受先前负面情绪的影响)。

研究者在实验前已经通过问卷测量了每个人对当前关系的满意度。那么,各位聪明的读者,猜猜看,如果一个人在冲突后不能很快恢复常态,那么他对关系的满意度其实是怎样呢?

也许你会认为这个人对关系的满意度并不是很高,不然怎么会"记仇"呢。不过,统计结果却出乎意料:个体的冲突处理能力,与他对关系的满意度并没有明显的相关性！

也就是说一个"记仇"的恋人，有可能是很爱你的。

以上结果是不是说明我们可以"记仇"呢？千万别！研究者发现，个体在冲突之后越不能"放下"，其恋人对关系的满意度越低。

的确，如果一个人在发生了冲突之后，就一直在气头上下不来，他自己可能会觉得没有什么，但他的恋人对这段关系的满意度却会降低。学会"放下"，不是为了自己，而是为了自己的另一半。如果你真的在乎这段恋情，那么就学着宽容吧！

研究者继续跟踪了两年后这些情侣的情况，发现 69 对中，有的已经分手，但仍有 38 对还在一起。而这 38 对正是当初那些能够宽容的个体，相比于不宽容的个体，他们和恋人继续在一起的几率要高很多。

"拿得起，放得下"这句话，虽然更多地被用来形容大丈夫，但在情侣关系中，这却是双方都需要的能力。这种能力怎么培养？研究者对比了一些被试的幼年孩子的成长经历，发现在幼年期母婴依恋关系良好的个体，在发生"冲突"之后更倾向于"放下"。所以，各位已经为人父母，还有打算为人父母的读者们请注意，你们孩子未来的幸福生活，也有一部分把握在你们手里！好好爱护小宝宝吧。

现在责怪自己的父母已经来不及了，教育宝宝也许还为时尚早，好在童年并不像弗洛伊德所说的那样会影响我们一生，通过自己后天的努力也是可以改变的。改变吧！请从你意识到问题的那一刻开始。

chapter 3

人际：认识自己还不够

有谁能完全了解他的手足？

有谁去探究过父亲的心路？

有谁没有心灵枷锁的羁绊？

有谁可以逃出灵魂的孤独？

——托马斯· 沃尔夫《天使，望故乡》

（摘抄自《害羞心理学》）

爱与恨本是同根生

By　赵紫凌

经验说：爱和恨是绝对对立的一对矛盾体。

实验说：爱和恨都是由同一种物质催生的。

　　什么可以让他对你专一，而视其他异性如粪土？什么可以让公司员工团结起来一致对外？答案居然是同一个——催产素。这种由脑垂体释放出的激素不但会让人们彼此之间信任友好，也会让他们对"外人"更仇视。

爱之药，抱一抱

　　爱和恨，谁都知道它们是两种不同的感情；友好和敌视，谁都能理解它们之间的鸿沟。不过，在两种对立的情绪之间，就真的不存在某种不易觉察的联系吗？

　　然而科学研究证实了，两种看似截然的情感都与同一种激素有关,这种激素既可以让人陷入极端的排外情绪里,也能让人融化在浓郁的亲情中,它就是催产素(oxytocin)。这名字也许会让你误解为为女性独有,可事实上它在男性体内也能合成,被称为催产素只是因为最初发现者只注意到了它的催产作用而已。但是,后来人们发现,这个绰号为"爱之药"(love drug)或"抱抱化学物质"(cuddle chemical substances)的玩意儿自有奇特之处,作用可远不止催产那么简单。

荷兰阿姆斯特丹大学心理学家卡斯滕·德·德勒(Carsten K. W. De Dreu)等人发现,新婚的夫妻会表现得越来越亲密,其实是催产素在血液中的浓度随着蜜月生活的延续而逐步上升的结果。相应地,出席有助于族群或家族成员团结感情的活动(比如婚礼)时,参加者们体内的催产素水平也会明显提高,接下来他们就会更爱自己的朋友或家人。这也是催产素影响的结果。

催产素: 催爱也催恨

不过,催产素并不只会让我们爱上他人,它也可能让我们敌视别人,实验已经证实了这一点。

志愿者们被卡斯滕和他的同事分成两组,实验组擦上混有催产素的香水,并在这个气氛中通过聊天的方式共同度过半小时,然后和对照组一道回答一个问卷。答案差别最大的是最后一题:"假如你生活的社区是两个族群混居的。某天,这里发生了一场大灾难,只有牺牲掉一个人,才能拯救其他人。那么,你希望被牺牲掉的这个人与你同族,还是属于另一族群?"实验组的测试者们无一例外地选择了牺牲外族人,而没有吸入催产素的对照组中则有相当一部分人选择了牺牲本族人。更让人吃惊的是,在描述理由时,吸入催产素的人表现出了明显的民族主义情绪。

爱与恨不是一对矛盾

其实从生态学的角度来看,催产素的作用并不矛盾。一方面,它会驱使一个人更爱护自己所属族群的成员,加强自己所属族群的生存竞争力;另一方面,在面对其他族群的个体时,它则可能激发同仇敌忾之情,催生竞争搏斗之心。

负面的影响可能表现得很残酷。幸好,人类现有的伦理和法制可以规避其破坏作用,所以诸位也不必过于担心。当然,我们更应该在催产素能促进族群内部和谐的功能上动些脑筋。比如说,开发一种类似于实验中用到的香水或者清新剂,"办公室里喷一喷,大家亲似自家人"。可以想见,公司老板们将会多么青睐这个产品……

在朋友眼中，你本来就很好

By 艺茗

经验说：朋友们很善良，都不忍心指出我的缺点。

实验说：朋友眼中，你在某些方面确实比自己想象得还要好。

你觉得朋友们总夸你好，只是因为他们太善良，太抬举你？错。朋友们夸你不可能是为了骗财骗色，而是在他们眼中，你本来就是靠谱的好同志！物以类聚人以群分，爱你等于爱自己，相信我，朋友们的赞美是真心的！

大部分人都有过这样的好奇：在朋友眼里，我到底是个什么样的人？终于，有一群心理学家决定探索答案。他们找到了几个志愿者，并邀请了他们的朋友圈来填写一份问卷，对志愿者的性格作出评价。与此同时，志愿者本人也要对自己做出评价。

对比朋友和本人的问卷，结果很有意思：一般来说，在朋友眼中，你比你心目中的自己更淡定（情绪稳定性），更靠谱（尽责性）；

但你的艺术细胞、创造力(开放性)等却比自认为的要低。而且,更有意思的是,这一结论在各种各样的文化背景中(无论是美洲、非洲,还是欧洲、亚洲)都如此,堪称"普世定律"。

在你眼中,自己也许毛病一身,今天哭明天笑,做事乱七八糟。但是,在朋友眼中,你就像世外高人一样,任它风吹雨打雷震天,你就一个姿态：心如止水! 你还像无敌小超人,3篇总结2个报表1个提案一周内全部搞定,而且有理想有抱负非常靠谱! 你的朋友就是这么"看好你哦"。

可是,没理由啊,朋友们经常粘在一起,那些乱七八糟的小秘密他们早已一览无余,怎么还不管不顾给你套这么个光环呢?

对此,普林斯顿大学的艾米莉·普罗宁(Emily Pronin)教授的偏见实验可以给出解释。她先给学生们描述了一些社会心理学中常见的偏见效应：自我服务偏见、光环效应和基本归因偏见,[①]然后让他们判断自己和其他同学出现这些偏见的可能性各有多大,并且给出判断的理由。

---

① 自我服务偏见：人们常常从好的方面来看待自己——当取得成功时,常常容易归因于自己;而失败时,则归因于外在因素。简单说就是"把功劳归于自己,把错误推给人家"。

光环效应：如果一个人的某种品质,或一个物品的某种特性给人以非常好的印象,那么在这种印象的影响下,人们对这个人的其他品质,或这个物品的其他特性也会给予较好的评价。俗称"爱屋及乌"。

基本归因偏见：人们在考察某些行为或后果的原因时,具有双重倾向,高估倾向性因素(与人有关的因素)和低估情景性因素(与环境有关的因素)。简单说就是,大家容易认为还是性格决定命运,机缘环境等都是次要因素。

普罗宁教授发现，在对他人和自己作出判断时，我们采用的是"双重标准"。在判断自己时会更多参照些自己的想法、感受等内心的东西，但在判断别人时，则更多参照他的外在行为表现。而且这种双重标准在你了解了别人的想法的情况下也依然存在，因为即使别人把自己的想法说出来过，我们还是会觉得这些信息没那么重要，会觉得对方只是在谦虚、夸大或者逗自己玩呢！

所以说，淡定前的那阵翻江倒海，辉煌前的那些挣扎纠结，个中滋味你品尝过了，也和朋友分享过了。你深深记得当初要死要活的感觉，可是朋友们听完就忘了，只记得你后来的淡定和辉煌。

除了信息参照的差别，群体偏见也在光环里加了一笔。这里的群体偏见主要是指人们会偏向于认为"和我一伙儿的都是好的"。因此，当别人把你当朋友时，你也就加入了他那一伙儿人，光环也跟着来了。

不过，光环虽然是光环，光源总是还在你身上，朋友的称赞不是毫无道理，也绝不仅仅是一种安慰——拜托，自信点儿嘛——在他们心中，你就是那么好！

予人金钱，自己健康

By 艺 茗

> 经验说：金钱不是万能的，它可以买到补品，但是买不到健康。

> 实验说：金钱确实不是万能的，但却真的能买到健康。

金钱真的可以买到快乐和健康！而且，任何人都能"卖"给你，只要你肯把钱花在他身上。实验表明，给别人花钱不但能获得快乐，还能降低自己唾液中的皮质醇，提高身体免疫力。

理财很有学问——怎么存钱才能保值？怎么花钱才能发挥它的最大价值？而花钱的学问不仅关乎增值和贬值，它还关系到你的身心健康。

送人玫瑰，手有余香

早期研究发现，我们花钱买礼物送给别人的时候，自己的情绪可能也会有所改善,所谓"送人玫瑰,手有余香"。而且,人在送礼或慈善方面花的钱越多,获得的幸福感也就越多,这与收入多少无关——所以那个靠捡废品卖钱供素不相识的孩子念书的大爷,内心说不定比我们都要幸福得多。脑神经方面的实验也表明,我们把 100 块钱捐给希望工程时,大脑中活跃的区域与受到奖励时的活跃区域是一样的。也就是说,捐钱时,大脑告诉我们的不是"奖金走了",而是"奖金来了"。

早在 2008 年,社会心理学家伊丽莎白·邓恩(Elizabeth Dunn)等人就做了一个实验:她给参与者每人 5 或 20 美元,并任由他们在一天之中把钱花在自己或别人身上。结果发现,不管一开始拿到多少,只要是把钱花在别人身上,就会比花在自己身上更开心。

这样看来,为别人花钱的确有带来让心灵阳光灿烂的奇效。所以,下次你压抑、郁闷、烦躁了,与其大出血买东西发泄,不如去给朋友挑个小礼物,或者往捐款箱里塞一些钱。

予人金钱,自己健康

发现了以上做法的心理收益后,邓思教授等人又开始对其生理收益产生了兴趣。她发现,"花钱买健康"这事儿真的靠谱。邓思教授采用了一个经典的"独裁游戏"方式:她找来 50 名大学生参加实验,开始时付给每人 10 美元报酬,然后告诉他们,每个人都有一个伙伴,被试可以选择给这个伙伴一部分报酬,不过到底给还是不给，以及给多给少都由参与者自己说了算，而他们的伙伴只能无条件地接受他们决定的金额。研究团队分别测量了 50 个参与者在游戏前后的积极和消极情绪水平，并提取了他们的唾液标本做进一步检测分析。不出所料，给伙伴的钱越多，参与者体验到的积极情绪就越多，消极情绪就越少。

在这个过程中，唾液里有一种叫皮质醇（cortisol）的东西悄悄地发生了变化。

皮质醇是一种激素，也有人叫它"压力荷尔蒙"。顾名思义，它能够在人们面对压力时对身体作出保护，但分泌过多也会有副作用。正常状态下，皮质醇有助于身体恢复平衡，防止过度发炎，抑制过敏反应。与此同时它也会削弱身体的免疫系统，抑制骨质生成，同时影响记忆力。所以，人如果长期处在皮质醇量较高的环境下，免疫力就会降低，骨质变得疏松，记忆力也会受到影响。这些可都是老年人经常出现的症状。

邓思教授的实验表明，在和伙伴分享报酬时，那些觉得自己太小气而感到羞愧的人会分泌更多的皮质醇；而那些没有产生羞愧感的人，无论给伙伴多少金额，皮质醇浓度都不会变化。

这么说来，在别人身上花钱会不会影响自己的身体健康，跟脸皮薄厚还很有关系。如果你脸皮薄，看到路边的乞丐或者弹吉他的小伙儿时总会觉得过意不去，面对募捐的环保人士即使从不扔电池、从不开车也难以平复内疚的心，那就麻溜儿地掏钱吧！这不仅帮了别人，也能帮到你自己。而那些脸皮够厚，和朋友一起吃饭时总是欣然接受别人埋单的家伙，就掖好钱包继续昂首挺胸地无视尔等吧。

如此你也该明白了，用送礼捐款来改善心情是每个人都能做到的一桩小事，但换个健康回来，可算是脸皮薄的人才有的特权呢！

对于你的帮助，我表示压力很大

By 懒木

经验说：助人为乐最受欢迎啦！

实验说：不是所有被帮助的人都觉得开心。

每个人都需要帮助，但没有人愿意承认自己的无能。危难之时能够伸出援手固然是好事，但如果伴随一种居高临下、指手画脚、装腔作势的姿态，却可能给别人帮了倒忙。

苍天啊！请赐予我一盏阿拉丁神灯吧！

大地啊！请告诉我这时候应该怎么办，漫漫人生会去往何处！

每当遇到各种困难，我们是多么希望有人能像哆啦 A 梦一样对我们毫不犹豫地伸出援手啊！

然而，尽管迫切需要帮助，可一旦有好心人跑来对我说：年轻人，要克服困难的话，你应该……你应该……没准我一下子就厌烦起来，恨不得躲得远远的。

我的事儿不要你管！

再一次，我们把好心放在了驴肝肺的位置上，把好心人反弹了开去，而事后也许又将为此懊恼不堪。可这真的是令人万般无奈，为什么在被人安慰或者鼓励时，我们反而会更加没有自信，更加不安呢？

美国明尼苏达大学玛丽霍普·豪兰(Maryhope Howland)和杰弗里·辛普森(Jeffry A. Simpson)师徒二人于2010年在《心理科学》上发表的研究表明，在焦头烂额之际，一旦有人以帮助的名义提供指导，即使慈祥如"圣母玛丽亚"，一副苦口婆心状，我们也难以接受。

研究人员录下了85对情侣的交谈，由一方倾诉自己近期想要改变的习惯或者行为，另一方或是耐心倾听，或是积极建议，或是给予言语安慰。事后，倾诉者回忆是否受到对方支持，评估自己的情绪和自我效能感，而聆听者回忆自己是否给过对方支持。接下去就有三种情况出现：

第一，倾诉者浑然不觉受到支持（这或许是他们感觉迟钝，又或许是聆听者技艺高超）；

第二，倾诉者明显地感受到对方的支持；

第三，聆听者的确啥也没做，没有提供任何实质帮助。

当然，光靠他们自己的回忆还不行，研究者必须站在第三方的角度作一个客观判定，对他们的交流过程进行编码。有几个方面可以用来区分帮助的明显程度：是大张旗鼓地帮助还是默默地支持。后者不会以帮助者的高姿态出现，他们能够有效转移对方对自身问题的关注，最后他们提供的建议或者安慰是委婉且经过伪装的。总之，若默默支持，采用润物细无声的方式，会在对方不知不觉当中给他帮助。

实验结果发现，当倾诉者未曾察觉对方的帮助，而另一方的确提供了有效建议或者情感安慰时，他们的消极情绪明显减少了。倾诉者的"感觉迟钝"和聆听者的"技艺高超"均能起到良好的效果。

相反的，当人们意识到别人在帮助自己时，反而会更关注自身的缺点，于是导致心灵受到严重打击。

所以，千万记住，有技巧的帮助者会在对方遇到麻烦却未开口求助之前，巧妙地雪中送炭。安慰人而不让人觉得自己被同情，帮助人而不让人觉得自己在接受恩赐，这才是助人的最高境界！

奥斯卡诅咒：
女人有了事业就失去家庭？

By Zplzpl

经验说：女强人婚姻往往不幸福。

研究说：不止是一般的女强人，奥斯卡最佳女主角离婚的可能性也比没得奖而被提名的女星大了一半以上。

姚晨离婚了，娜塔莉·波特曼的恋情还能维系多久？获得影后之日便是她被"奥斯卡诅咒"之时。社会心理学关于性别角色的研究表明，男强女弱的婚姻格局社会规范已经形成。李亚鹏王菲式的婚姻难以维持。女强人们不必悲伤，你可以找一个"不太普通"的男友。

姚晨离婚了！前一阵铺天盖地的消息终于让果壳网的这些不怎么关注娱乐八卦的科学青年第一次知道了姚晨老公的名字——对不起，我又忘了。

于是有人翻出当年姚晨在微博上晒的各种恩爱，感叹"姚晨都离婚了,还让我怎么相信爱情"? 也有人马上跳出来"事后诸葛亮","自从姚晨开始走红,他们的感情就岌岌可危,四面楚歌了"。

李亚鹏是性别角色社会规范中的另类

其实那些粉丝们不必因为姚晨离婚而顾影自怜、感时伤世,社会心理学中关于性别角色的研究早就告诉我们,由于男性和女性在外形、力量和生殖功能上的差异,男性角色已经在进化中被赋予了更高的地位和更多的权力。因此,婚姻关系的社会规范就是丈夫应当有更高的收入、地位和名望,或者至少也应当长得更高,年龄更大(身高和年龄常常和社会资源、地位联系在一起)。

与这个社会规范相适应,男人会自动远离那些比他们聪明或是有更大野心的伴侣。妻子的高收入也会增加离婚的风险,特别是在妻子的收入超过丈夫的时候。因此,若是你的他抛弃了有能力有理想有外形甚至有车有房的你,转投一个不怎么样的她的怀抱,你能做的,恐怕也只是埋怨自己当初为什么找了一个"普通"的男人。

而且,除了来自对方的压力,违反了"男强女弱"这一婚姻规则的配偶还会遭受来自家庭的其他成员和旁观者的负面态度。吃软饭、姐弟恋常常不被别人看好。关于这一点,李亚鹏可能会有话说……不过,还是让我们回过头来看研究怎么说。

女强人难逃"奥斯卡诅咒"?

实际上,一年一度的奥斯卡颁奖礼以那些最有魅力的电影明星为被试，做了一个现实版的长期追踪准实验，为这一现象提供了最客观的数据支持。卡耐基梅隆大学的柯兰·斯图尔特（H. Colleen Stuart）、多伦多大学的苏·穆恩（Sue H. Moon）和提吉安娜·卡赛洛（Tiziana Casciaro）等人犀利地看到了这一点，他们分析了从 1936 年到 2010 年所有奥斯卡最佳男主角和最佳女主角的婚姻史，发现与那些被提名但却并没有获奖的女演员相比，奥斯卡最佳女主角的婚姻要面临更大的风险：离婚的可能性增加一半以上，婚姻持续时间的期望值也从接近 10 年降低到不足 5 年，这种现象被戏称为"奥斯卡诅咒"（the Oscar curse）。

但奇特的是，这一诅咒却对男星无效，即使得奖，奥斯卡最佳男主角的婚龄仍与那些没能获奖的被提名男影星持平。

是被诅咒还是飞向新的幸福？

这个研究并未回答所有的问题，它不能解释这种"诅咒"为何会实现。一个可能的假设是，当女方的收入、名望增加时，丈夫可能会对此不满，因为这伤害了他作为"男人"的自尊；而另一个假设可能更容易被女性理解或者接受——当女人的能力增加时，她可能会对目前的婚姻状况越来越不满意，也更有信心逃离一段"坏"关系，为自己的将来寻求新的机会。

如果是后者，广大优质单身大龄女青年可能会继续相信，"只要够优秀，我自然能找到真正懂得欣赏我的人"。

"伤不起"是渴望被认同而咆哮的炫耀

By　科学家种太阳

> 经验说：职业倦怠导致了大庭广众下众口一词地发牢骚。

> 实验说：其实这是人类在社会认同过程中对自己所在群体的积极评价而已。

"我们专业伤不起！！！"这一句式最近怎么这么流行？难道大家都如此痛恨自己的专业？行行有本难念的经？错！"伤不起"和对专业的情感无关，说到底不过是为了寻求一种同行间的认同罢了——通过抬高自己所在群体和寻找同类来减少自己内心的不确定性。

伤不起！伤不起！！伤不起！！！

"咆哮体"像伊波拉病毒一样飞速蔓延到了互联网的各个角落，几乎所有人都在这一刻被景涛①灵魂附体，从此他不再是一个

---

①　马景涛，因其在电视剧《梅花烙》、《水云间》中咆哮型的卖力演出而被网友戏称为"咆哮教主"。

人在战斗！不再是一个人！！！有木有！！！

一夜之间网络上"咆哮体"铺天盖地。各行各业的人们信手拈来地堆砌着大量的专业术语，在不明真相的围观群众还没回过味儿时，就已经有读懂了"黑话"的业内人士云集响应，纷纷表示："学××的我们就是伤不起！！！"

为什么感叹号在突然间变成了大家的最爱？是怎样的心态让人们选择了用它来代替一切标点？从社会心理学的角度出发考量，我们认为，这一切也许源于强烈地对"社会认同"的渴望。

同类带来认同感

社会认同理论最初是一个群体心理学概念，被用来解释群体间行为的"种族中心主义"（ethnocentrism）。所谓"种族中心主义"就是群体行为中表现出来的内群体偏好（in-group favoritism）和外群体偏见（out-group derogation）。

社会心理学家亨利·塔杰菲尔（Henry Tajfel）认为，社会认同是指"个体通过自我觉察，意识到自己属于特定的社会群体，同时也认识到群体成员这一身份带给自己的价值和情感意义"。在社会交往中，个体往往将自己归属于某一群体，并通过强调和夸大自己群体与他人的差异，使群体内相似度最高而群体间差异最大，由此获得积极的自我评价并提升自尊。此外还有研究者认为，人类生来就有一种和其他事物建立联系的需求——通过理解世界来理解自己。因此，个体获取社会认同的主要目的之一是减少自己的主观不确定性,包括"我是谁"、"从哪里来"、"到哪里去"等哲学问题的建立都与此相关。

谁令我们产生社会认同?

什么样的人可以减少我们的不确定性,并产生社会认同呢?

答案是:或许随便什么人都可以。

社会心理学奠基人之一、心理学家穆扎费尔·谢里夫(Muzafer Sherif)著名的"罗伯斯山洞实验"(the robbers cave experiment)可以证明这一点。他召集了一些之前互不相识的小学生,分成两组并分别组织夏令营。活动地点都位于罗伯斯山洞附近,但孩子们彼此并不知道有另一群人的存在。在大家给自己的队伍选好领袖起好队名甚至还设计了一个队徽之后,"邪恶"的研究者让这些悲催的小学生在执行相同任务的过程中相遇了……

几乎是自发的,两队人马从一见面便开始钩心斗角、尔虞我诈,随后这种敌对情绪愈演愈烈,险些大打出手。于是,研究者立即终止了实验,并组织两队合作完成一个共同的任务,才化解了这场危机。

不久之后,亨利等人在成年人身上也验证了这种莫名的"排外"情绪。他们同样召集了一批互不相识的成年人,并把他们随机分成两组,不给这些人任何彼此熟悉的机会,就让他们互相进行主观评价。结果不出意外,仅仅进行了一次毫无意义的分组,就使心智健全的成年人在面对与自己同组的陌生人时都给出了比非同组更好的评价。这个"最简群体研究范式"后来在群体行为实验中得到了大量的应用。

来，来，一起"伤不起"

在此基础上，出生于中国昆明的著名政治学家本尼迪克特·安德森(Benedict Anderson)在其 1983 年的著作《想象的共同体》(*Imagined Community*)中指出，很多人仅仅是在知道他人和自己使用相同品牌的商品后，便对那些人有了更好的印象，因为他们认为那些人和自己同属于一个并不存在的假想群体。

反观现在"伤不起"大潮中诸如 Heisenberg 代数(数学)、异常丙种球蛋白血(医学)、刺破公司面纱(法律)、俄狄浦斯生殖器期(心理学)之类的令人发指的专业概念，果壳心事鉴定员认为，它们显然比一个纯粹"意淫"出来的虚幻群体要更有吸引力和凝聚力。

这种疑似"从众"的心理倾向让所有人都紧密团结在自己所属的群体周围，并纷纷表示"你们那个苦闷程度根本不算什么，我们这个领域才是真正的伤不起啊，不信的话我给你咆哮一会儿！"

所以对于大批不明真相的围观群众来说，本来只是本着凑热闹的娱乐精神来丰富业余生活，却意外地收获了社会认同感，成为一个小众团体的一部分，还顺便提升了自尊，真是一举多得。

是真的"伤不起"还是炫耀？

事实上，只有学心理学的人才真正伤不起。因为即使是从这么简单纯洁的网络流行语里,心理学家们也隐隐嗅到了被压抑的邪恶潜意识的味道。

——告诉我,你从上面这句话中是看到了炫耀还是找到了同伴?

其实,社会认同的根本目的就是获得积极的自我评价并提升自尊,而具体手段是团结一切可以团结的人,抬高自己打压他人,全面走上"阶级斗争"的路线。我们有理由相信,那些表面上看似很受伤的"咆哮帝"们,说不定内心深处正因为自己所在领域的诸多独特优势而暗自得意。那些看似被称为"万恶之源"的高深莫测的概念和理论,说不定恰恰是这些专业人士欲迎还拒的隐晦炫耀。

作为围观群众,我们一定要擦亮双眼:很可能那个安慰你"挂科算什么"的人最后都默默拿了奖学金;那个夸你"肥嘟嘟的脸好可爱"的人最后都瘦成了万人迷;那个在你面前说自己前途渺茫的人最后都身家过亿;只有你——在满床的薯片袋和电脑荧光照射下,淬炼成了一顶傻帽。

一边咆哮着"尼玛我就是伤不起",一边又用行动一再证明自己显然是伤得起的。用一个词来描述这种行为:就是"傲娇"①嘛!

———————

① 发源于日本的美少女游戏业界,后在包含动画、漫画在内的亚文化里广泛形成的一种对象类型,本身含有不坦率的特质,故意掩藏内心或骄傲或蛮横的真实表达。

又要震？ 易得性直觉在骗你

By Zplzpl

> 经验说：四川地震了，海地地震了，智利地震了，日本地震了……地球被调到了震动模式？

> 研究说：全球平均每天发生的地震超过一万次，最近几年频率并没有发生什么变化，你的直觉又一次欺骗了你。

四川地震了，海地、智利、云南、日本也地震了……地球被调到了震动模式？非也非也，其实观测数据没有变化，变的是新闻的易得性。换个例子来试试，每年死于闪电的人多，还是龙卷风的人多？大部分人会回答龙卷风，因为每年都有大量的新闻报道，但事实却相反。

云南盈江在 2011 年 3 月 10 日发生了地震。

日本本州岛附近海域于 2011 年 3 月 11 日发生大地震，并引发强烈海啸。

电视和网络上的图片和视频就像一颗又一颗的重磅炸弹，触目惊心地刺激着人们脆弱的神经。联想起这几年接二连三的大地震,那个疑问再次浮上心头——地球真的被调到了震动模式?

小心，直觉在骗你

科学、靠谱的果壳网给你一个响亮的回答:当然是"否"。科学松鼠会在 2010 年智利地震后就已经发过文章《地震变得越来越频繁?》,文中提供了翔实数据来反驳这一谣言。但恐慌的人们并没有因此而安下心来,因为在那些枯燥(但全面)的数字之前,先映入他们眼帘的是摄影师拍来的大片和新闻记者撰写的报道。

为什么会这样? 为什么客观的统计数据比不过声情并茂的新闻稿?

让我们冷静分析一下吧,这只不过是人们又一次错误地相信了自己的直觉。

容易想到的事情更经常发生吗?

在面临一个复杂或不熟悉的问题时,人们经常会使用直觉来进行决策。一般而言,利用直觉得到的答案常常会迅速产生一个接近"最优化"的方案,这也是人类在长期的进化过程中发展出来的直觉的意义。

易得性直觉(availability heuristic)就是经常被使用的一种,指的是人们常常依据某类事情是否容易被想起来以判断该类事情发生的概率。在正常情况下,这一直觉是有效的,因为普通的事件当然要比不寻常的事件更容易被记起或者想象出来。但在某些情况下,直觉也可能会失效并导致系统性的偏差。

我们不妨来做这样一个测试:

以下每对词组中的哪个词可能是美国更常见的死亡原因?

- 糖尿病——谋杀
- 龙卷风——闪电
- 车祸——胃癌
- 被鲨鱼咬死——被飞机上掉下来的零件砸死

想好答案了吗?

嘿嘿,科学家的可恶之处就在于他们在告诉你一条规则之后,总还要设计一个陷阱让你跳下去,再告诉你"别太相信自己"。如果你不是自然灾害或者医学方面的专家,那回答完问题以后再去对照答案。得到的表情和当年参与这个研究的参与者一样惊讶,听好了——

每年死于糖尿病或者胃癌的人是死于谋杀或车祸的人数的2倍!类似的,死于闪电的人也比死于龙卷风的人要多,而每年被飞机上掉下来的零件砸死的人数是被鲨鱼攻击致死的人数的30倍!

是什么让某些事件更"易得"?

实际上,事情是否容易被提取不仅取决于事件发生的实际概率,同时也受到很多其他因素的影响。由于媒体的关注偏向,人们更容易回忆起报纸或网站的头条新闻,比如谋杀、车祸、龙卷风或者地震。切尔诺贝利核电站泄漏事故带来的巨大影响,更是让人们在讨论核电的安全性时戴上了一副有色眼镜。经历过这次日本地震后,这副有色眼镜的色度恐怕又大大增加了。还有,想想那些电影是怎么把心理学家塑造成统一的变态形象的吧……你就会明白,媒介能在多大程度上塑造刻板印象来影响受众的认知!

不止大众传媒,很多因素都影响着易得性直觉:刚刚发生的事情更容易被提取——这就能解释为什么"世界末日论"一直存在,且在大灾难刚过的一段时间内更容易被接受和传播。此外,更多的情绪卷入也会使记忆更加深刻,这称为闪光灯效应——相比发生在海地的地震,发生在中国和日本的地震对我们来说冲击力更大——因为它离我们更近,情绪卷入更加强烈。另外,呈现方式更加生动也会使得一类事件更容易被记起或是想象出来。平淡、抽象、冰冷的科学统计数据就是这样被生动形象、有血有肉的新闻图片打败的。

一个例子胜过千万数据

在一项年代较早但令人印象深刻的实验研究中,尤金·博吉达(Eugene Borgida)和理查德·尼斯比特(Richard Nusbett)比较了统计数据和生动描述对人们的不同影响。只不过他们的研究材料更加温和——是大学课程的评估,而非地震这样的灾难性事件。

分析发现,与那些没有接受任何课程评估信息的控制组参与者相比，实验组参与者更多地选择了被推荐的课程，也更少选择不被推荐的课程，因为他们事先因为实验环节的设置而接受了少数学生对课程生动的评价，但那些得到了完整课程评估统计数据的学生的选择却与控制组参与者没有显著差异。这个实验强有力地说明了，与综合性的统计数据相比，少量的生动描述对人们产生的倾向性影响更大。

NBA 中的心理学

经验说：赢球还得看技术。

实验说：美国篮球职业联赛这样的顶尖对决，技术只是一方面，心理才是致胜法宝！

　　除了冷静的邓肯会学学心理之外，心理学应用在美国篮球职业联赛(NBA)赛场上无处不在。迷信的小怪癖能"保佑"场上的出色发挥；多摸摸队友，能让团队合作更默契。可以负责任地说：学好心理学，表现更出众。

　　请问：美国篮球职业联赛中有什么心理学？

　　如果你是骨灰级的美国篮球职业联赛球迷，在你的美国篮球职业联赛数据库里也许出现过一次"心理学"：2010—2011 季战绩最佳的圣安东尼奥马刺队当家球星——蒂姆·邓肯(Tim Dwncan)在维克森林大学时的主修专业就是心理学。

　　除此之外，还有吗？

其实,有人的地方就有心理学,单单一个美国篮球职业联赛,就能透视到很多心理学知识。除了那些有关球员心理健康的话题,人们更关心的还是如何让球星出彩,球队赢球。下面就介绍两招教练永远不会写在题板上,但也永远不容忽视的心理学"超级无敌获胜秘诀"。

想赢就培养个"迷信"的习惯

你对美国篮球职业联赛球星的怪异习惯有所了解吗?如果不了解,那么请看心事鉴定组驻美国篮球职业联赛特派记者Q博士从更衣室发回的报道:

篮球之神迈克尔·乔丹(Michael Jordan)每次比赛时都会在队服下穿一条北卡罗来纳大学的短裤;"小皇帝"勒布朗·詹姆斯(LeBron James)每场比赛前都要在技术台上撒镁粉;达拉斯小牛队的贾森·特里(Jason Terry)则要在比赛前一夜穿对手的短裤入睡……

感谢Q博士的报道,下面我们回到演播室来作个讨论分析:为什么这么多球员都要坚持一些有点"迷信"的习惯呢?科隆大学的莱桑·达米斯奇(Lysann Damisch)也许能给我们答案。她的研究已发表于《心理科学》。

达米斯奇教授在研究中要求参与者都带上自己的幸运符去参

加一个电脑记忆游戏实验。来到实验地点后,工作人员会把他们五花八门的幸运符暂时拿走拍照登记。一半的参与者在实验开始前就能拿回属于自己的幸运符,而另一半参与者则被告知由于相机故障只能稍后才能拿到幸运符。

结果,电脑记忆游戏的数据表明,实验前拿到幸运符的参与者在游戏中的成绩明显高于未拿到幸运符的参与者。

猛然间,Q博士被唤醒了2006年美国篮球职业联赛总决赛小牛队被热火队惊天大逆转的记忆——据说那一次,特里没有找到热火队佩顿的短裤。

心事鉴定组极力反对迷信,但眼见这些"迷信行为"的确增加了球员的能量。当然,不是因为那些"短裤"与"镁粉"拥有上帝的祝福与神灵的保护,达米斯奇教授在实验中说,因为这些"迷信行为"具有强烈的积极心理暗示作用,让他们更加自信,就像服用了"安慰剂"一样——虽然安慰剂本身并没有效果,却让人自身感觉良好——也让那些美国篮球职业联赛球星在球场上更加如鱼得水。

想让球员更加自信、给力,教练们除了督促球员们的日常训练,让手下球员养成一个迷信行为或许也是个不错的建议!

想赢就多摸摸队友

"迷信行为"能给球员的表现加分,让他更加自信与镇定,却也不是一名球员优秀的决定条件。我们知道,篮球是5个人的运动,光有几个"迷信"的球员是远远不够的。要想让球队赢球,队员之间的团结更是重中之重。

那么如何让球队更加团结呢?心理学家说:多摸摸你的队友吧!

圣地亚哥加利福尼亚州大学心理学家迈克尔·克劳斯(Michael W. Kraus)带领他的研究小组调查了30支NBA球队的294名篮球运动员,着重选取了2008—2009赛季前两个月比赛中球员的情况进行编码和记录。研究小组使用两组不同的工作人员,对各支球队队友间的身体接触进行记录,用以研究这种行为方式对球队战绩的影响。他们着重注意了包括击掌、撞胸、摸头等动作在内的12种接触方式,最后得出以下三点结论:

1. 平均每个美国篮球职业联赛球员与队友在每场比赛中的接触时间约为2秒,而比赛中每分钟和队友有身体接触的时间约为0.1秒(球员一般都不会打满全场的)。

2. 与队友触碰越多的球员,对球队的积极影响也越大,他们的个人数据也更出色。

3. 队友之间相互接触越多的球队,胜率越高,而且差异很明显。

也许你会觉得,应该是"胜率高"在前,"身体接触多"在后吧,只有赢球多的球员才有心思和队友打打闹闹嘛!但心理学家的看法是,外部行为可以改变内部想法,队友增加彼此间的触碰能让整个队伍更团结,从而更有可能拼得胜利。

　　按照这个研究,教练们的确可以考虑强行要求队员之间增加身体接触,以增加球队的胜率。

　　美国篮球职业联赛是身体力量的碰撞,更是技巧与意志的对抗,多用一些心理学上的小技巧,也许就能让赢球变得更加轻松!

信任不过一张皮

By　Dindin

经验说：信任是靠长期的相处才能建立的。

实验说：即使是陌生人，对不同的人之间的信任差异也是存在的。

什么样的人更容易被人信任？我们通常认为信任需要彼此了解，其实，在我们还没有跟那个人深入交流之前，他的相貌已经在影响你对他的信任程度了。

没有了解，哪里来的信任呢？想想谁是你最信任的人？你一定会考虑这个人是否靠谱以及他与你的私人关系，而绝少考虑他长得帅不帅漂不漂亮。但在对一个人知根知底之前，你其实很难了解这些信息，那此时我们的大脑是如何帮助我们产生信任感的呢？现在我就告诉你如何变成一个"看起来"更值得信赖的人。

科学研究发现，在不相识的情况下中，相貌好的人会更容易得到信任，与此同时，他们还也会被认为更有钱。可是相貌是天生注定的，对我们拿来提升自己的"信任"属性可能没有什么大用。有人可能会问："我就长这么一副猥琐大叔的嘴脸，是不是除了削骨整容之外，就没有办法赢得信任了？"对此，我们可以换一个角度来想，虽然长相不太容易改变，但是我们还是有可能通过梳妆打扮让自己看起来更为整洁干净，值得信赖的。

除了改善硬件条件之外，我们还可以通过控制环境变量来实现让自己更值得信赖的目标。

心理学家和经济学家很早就发现，当一个人感觉自己被别人注视的时候，他的行为会有所不同。有一个经济学游戏，游戏中要求参与者来分钱，当实验者给参与者呈现眼睛的图片时，参与者会表现得更为慷慨，甚至仅仅是用来募集捐款的咖啡罐上的手绘眼睛也都能让人更倾向于作出奉献。

考虑到社会对待有魅力的人的方式会有所不同，英国阿伯丁大学的实验心理学家莉莎·德布鲁因(Lisa DeBruine)和她的同事认为这个效应可能会跟当事人的相貌有关系。为了验证这个假设，研究者从学校里找了 78 个心理学专业的学生参与实验。在这个实验中，参与者被要求在不同的回合中作出决策，以便把一笔钱分成两份，一份给自己，另一份给合作者。他们有两种选择：1. 自己来分钱，但必须分为相等的两份；2. 让合作者来分钱，而这个人会把这笔钱分更多给对方。也就是说，通过信任合作者，参与者能够得到更多的钱。实际上，这个合作者并不存在，实验仅仅关心参与者在什么样的情况下会表现出对合作者更多的信任。

　　为了对参与者在被观察时受到的影响进行调控,研究人员会告诉他们,在一些回合中合作者会看到他们的照片,其他回合则不会。衡量魅力水平的时候,研究者采取了两种方式:一种方式是参与者的自我评价,用 1 到 7 分给自己的长相打分(其中,1 分代表一般般,7 分代表非常漂亮);另一种是他人评价,由 10 名与参与者无关的人员依照同样的标准给参与者打分。

　　实验结果显示:合作者在能够看到在他人评价中得分较高的同学的照片时,比不能看到照片的情况下,能更多地作出信任合作者的行为。当参与者感觉自己被人看着的时候,他人评价得分排名第三名的同学选择信任的次数提高了 69％,而倒数第三名则降低了 31％。这个结论已经在《进化与人类行为》(*Evolution and Human Behavior*)期刊上发表。

　　在这组实验中,我们注意到信任行为仅与他人评价的魅力值有相关,而与自我评价无关。德布鲁因教授认为,这种与自我评价的不相关性说明人们采取行动时并不是由于对个人魅力的自信,她说"这里很有可能存在一种学习效应——真正有魅力的人会通过经验发现面对面的交流比通过电话交流的效果要好",从而可能归因为别人看到了自己。

　　弗吉尼亚州的乔治梅森大学的实验经济学家拉根·皮特里(Ragan Petrie)同意这个观点。而对相貌的自我评价与信任的不相关结果,她觉得并不意外。她说:"起作用的不是个人如何看自己,而是他认为别人是怎么看自己的。"

帅哥美女在知道别人看着自己的时候会更多地表现出信任。因此,如果你想叫一个帅哥或者美女相信你说的话,看着他说话就对了!韩剧里更是把这招用到了极致,手段就是把对方约到公开场合进行表白,方式不限,关键一定要让对方感到别人都开始"注视"她,这个时候的成功率可是相当高的。

使用注意事项:这招针对帅哥美女的时候比较有效。如果对方长相比较抱歉,这样可是会起反效果的。对于这种情况,建议还是私下偷偷地告白比较妥当。

不过,没有人会总是上当,所谓吃一堑长一智,使用这样的方法最多也只能暂时骗取他人的信任,纸是包不住火的,假象总有被识破的一天。所以,真正有效的做法还是经由事实来证明自己足够靠谱。

用心理学来启动,用实际行动来强化,不要辜负了别人对你第一眼的好印象哦!

灾难面前听谁的？

By 沉默的马大爷

经验说：大难来临各自飞，谁也顾不了谁。

实验说：越是感到恐惧，人们越容易受到他人的影响。

为什么买盐？即使被反复告知吃盐防辐射不靠谱，盐不会受到辐射的影响，为什么盐还是断货了？有些人甚至不知道为什么要买，反正买了再说，因为大家都在买！"三人成虎，众口铄金"，这在恐惧时体现得更明显，心惶惶的人们更容易受到他人的影响。

据报道，从 2011 年 3 月 16 日开始，全国各地（包括遥远的新疆）的居民纷纷涌入超市和农贸市场，食盐以及各种咸味调料（如酱油）被抢购一空。买盐的理由五花八门，一些人相信了"食盐含碘防辐射"、"海盐受污染"等传言，一些人则是受到身边人的影响，还有一些人是为了避免断盐，主动囤积。

这熟悉的场景，哪怕多年以后也会被当作一个大众谣言传播的经典案例,反复讲述。

为什么看到别人买盐,自己也跟着做了呢?

从众的力量

社会心理学家阿希(Asch)的经典
实验告诉我们,人们可能比自己想象
的容易从众。他把参与者请到实验室
回答一个简单至极的问题——判断三
条线段中的哪一条与标准线段长度相
等(见图3-1)。

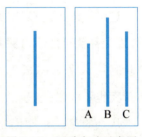

图3-1 阿希实验示意图

这个任务很简单,应该没人会选错,但是阿希实验中却有不少
人都选错了,因为参与者并不是单独进行判断,而是和另外六个人
坐在一起。是因为他们的反应受到了其他人的影响吗?

你可能已经猜到,这6个人其实都是实验者安排的助手。当
前面的几个人都故意选择了一条错误线段的时候,大约三分之一
的参与者最终也会选择这条线段。即使是那些没有从众的参与
者,也在实验过程中充分体验到了内心的焦虑和冲突。

从众的动机

阿希实验巧妙地展示了从众的力量。此后有大量研究表明,
人们从众一般是出于两个原因。

第一个原因是信息性影响(informational influence)。在不确

定或无助的情境下,人们会将他人作为信息的来源,参考他人的行为来决定自己的行动。面对核污染的威胁,由于缺乏科学判断,人们只能从流言或是身边的人中获得参考,于是便将买盐作为了应对的策略。

这样做的人越多,行为的正当性也就越强。形成一定规模之后,人们甚至可能不再深究最初买盐的原因,只是单纯地相信群体判断的正确性——"既然大家都去买盐,这样做一定是有好处的,所以我也不能错过。"

从众的第二个原因是规范性影响(normative influence)。即使一个人并不认为某种行为是正确的,也因为受到社会压力的影响,为了避免被群体或他人排斥,不得不做出从众行为。阿希实验中被试的从众大多是出于这种原因。在买盐热潮中也能看到这样的例子:有些人并不相信食盐真的有防辐射的功效,但是由于父母长辈的反复要求,只好乖乖地去超市排队了。

从众的背后——恐惧管理

当然,这样的现象并非中国独有,在美国也出现了抢购碘片的热潮。实际上,在天灾的威胁面前,经常会出现这种大规模的从众行为。根据亚利桑那大学心理学家杰夫·格林伯格(Jeff Greenberg)等人的恐惧管理理论(terror management theory),灾难后的从众是人类的一种本能反应。

恐惧管理理论认为,每个人都面临着一种最基本的恐惧——

不可避免的死亡。为了缓解死亡带来的焦虑，人们会采取一些防御机制，如相信来生、追求意义感、提升自尊、获得他人认可、将自己与不朽的文化价值观相联系等。

从众也是应对死亡焦虑的一种方式。荷兰格罗宁根大学心理学家伦纳特·仁科马（Lennart Renkema）等人通过实验证明了这一点。他们将大学生分为两组：一组被要求描述一下想到自己死亡带来的情绪和想法，成为"死亡显著组"；另一组，即控制组则要描述一下看电视带来的情绪和想法。接下来，给所有人看一些抽象画，并告诉他们有些画有60％的人喜欢，有些则有60％的人不喜欢，然后让他们评定一下自己的喜爱程度。结果发现，"死亡显著组"的评定更容易受到所在群体意见的影响。

从恐惧管理的角度来解释，意识到死亡的威胁使得人们更加积极地去寻求意义，并希望获得他人的认可，这正好对应了上面所说的两种从众的基本动机，从而强化了从众行为。

在买盐热潮中，这种心理机制可能也发挥了作用：铺天盖地的灾难报道不断地送来死亡的消息，使得人们下意识地采取了从众的方式来进行应对，以此来缓解死亡带来的焦虑感。

你的名字告诉了我什么？

By   Amygdala

经验说：人如其名。

实验说：名如其人。

　　人如其名,名字能否决定人一生的运势？其实,名如其人,一个好名字让你升官发财是不可能的,但是从名字中我们却可以猜到一个人的文化背景和价值观。

取名蕴藏着怎样的学问呢？

　　加拿大的库姆(Coombe)夫妇长期纠结于儿子的名字。来自古老的加拿大家族的母亲达娜(Dana)喜欢艾登(Aiden)这个名字,而父亲杰西(Jesse)则坚持使用赖克(Ryker)。你能猜出来他们最终是如何作出取舍的吗？

婴儿呱呱坠地,取名字便成为了家人的头等大事。因为常言道:人如其名。就是说取什么样的名字就容易变成什么样的人,一个人的脾气秉性乃至旦夕祸福都可能与这个名字有关。刘翔如同他的名字那样成为了田径场上的飞人;动画片里蓝精灵调皮可爱,而格格巫则阴险狡诈。

果真如此的话,那现实生活中家长都给孩子取名成龙、成凤,所有人都因此飞黄腾达,岂不皆大欢喜?

众所周知,一个人的性格是由家庭背景、成长环境、受教育情况等诸多生活经历共同塑造而成的。在一般人看来,名字里包含了长辈对下一代人的殷切期盼。然而最近的一项调查研究却发现,从孩子的名字中可以看出父母是否具有开拓精神和崇尚独立的价值观,可谓“名如其人”——有什么样的父母,就有什么样的子女个性。

在调用了 2007 年全美社保卡数据库 430 多万新生儿资料,并且把他们的出生地按照定居年代进行了划分之后,研究者发现,定居年代越是久远的地区,大众名字,如威廉(William)、埃玛(Emma)的使用频率就越高,如美国北部的新英格兰地区,也就是早期移民地区,使用这些名字的概率很高。而美国西部落基山以西的内陆八州则是新移民地区,那些拓荒者怀揣“淘金梦”,长途跋涉来此谋营生,他们就不太喜欢那些“俗名”。

随后,研究者又比较了加拿大传统的东部三省(新斯科舍、安大略以及魁北克)和以新移民为主的西部四省(亚伯达、英属哥伦比亚、马尼托巴和萨斯卡切温)的新生儿资料,最终也得到同样的结果。

可能是因为,那些怀揣"美国梦"到未开发地区定居的移民是在独立精神的鼓励下,希望在一片崭新的土地上依靠个人的拼搏获得成功。能够背井离乡来到蛮荒之地开辟自己事业的人,往往都是一群怀揣着"美国梦"的人,他们在独立精神的鼓励下,渴望在一片崭新的土地上依靠个人奋斗取得成功,父母将这种个人主义价值观通过"非主流"的名字在孩子身上表现出来。

作为研究者之一的范伦(Varum)说:"拓荒者的生存环境迫使他们减少对他人的依赖并且强调自我的独特性和自我生存能力……虽然现在不再有人驱赶马车去'淘金'了,但是祖辈们独立自主的精神早已成为一种文化,这种开拓精神时至今日仍会对后代造成影响(即家长如何给子女取名字)。"

为了验证这个假设,研究者又一口气收集了9个传统的欧洲国家(奥地利、丹麦、英格兰、匈牙利、爱尔兰、挪威、苏格兰、西班牙和瑞典)和4个新移民国家(美国、加拿大、澳大利亚和新西兰)的新生儿资料。在这些国家中,越是强调集体主义价值,出现常用名字的比率就越高;反之越是崇尚个人主义,出现常用名字的比率就越低。

《自恋是种流行病》(*The Narcissism Epidemic*)一书的作者琼·特吉(Jean Twenge)也做了类似的研究,他对此评论道:"不同文化背景下的人需要慎重考虑的一个重要问题是:给孩子取一个大众化的名字使得他们更容易融入群体,还是用一个独特的名字使他们与众不同?"

中国人普遍认为英文名字就是 David、Michael、James 翻来覆去地用,爷爷用完了传给孙子用。原来一个人的名字还与其家族文化背景甚至是社会环境有关。上文提到的那对加拿大夫妇最终给儿子选择了 Ryker 这个名字,因为根据新生儿取名网站的统计,Aiden 的使用频率是 Ryker 的 20 倍,他们担心孩子以后和同班同学重名了会很麻烦。

看来以后遇到外国友人,先问问他的名字,也许还能猜出其家乡,再问下是谁取的名字,也许还能知道这个人是否具有独立自主的开拓精神。

chapter 4

盲区： 认识不到的自己

有许许多多的人都不是根据行为本身，而是根据该行为被接受的程度来判断其行为的价值的。 这就好像是一个人总是不得不推迟做出他自己的判断，直到他看到观众的反应。那个被动的、对其或为其做出该行动的人，而不是正在做出该行为的人，有力量使得这一行动变得有效或者无效。 因此，我们倾向于成为生活中的表演者，而不是作为自我来生活和做出行动的人。

——罗洛梅《人的自我寻求》

似曾相识，在哪见过你？

By 沉默的马大爷

> 经验说：此情此景好熟悉，时光倒流、特异功能、多维空间、催眠，还是精神错乱？

> 实验说：这种现象不过是记忆系统运转过程中产生的一点小瑕疵。

此情此景似曾相识——这是时光倒流、特异功能、多维空间、催眠，还是精神错乱？在西方，这种"昨日重现"的感觉被称为"*Déjà Vu*"。调查显示大约有2/3的人经历过这种现象，它是记忆系统运转过程中产生的一点小瑕疵。

你坐在咖啡馆里，好友坐在对面，她正在兴奋地和你讲述最近的一次旅行。忽然你的心头涌起一阵异样的感觉。周围的环境，昏暗的灯光，好友的言谈，说话的语调，突然都变得如此熟悉。此时此地，此情此景，似乎在过去的某个时候已经完整地经历过一遍。

你是否也曾有过类似的体验？

在西方，这种"昨日重现"的感觉被称为"*Déjà Vu*"。调查显示大约有 2/3 的人经历过这种现象,青年人出现的频率最高,平均一年 2～3 次。

在过去一百多年里,关于这种现象涌现出了许多解释,包括时光倒流、特异功能、多维空间、催眠、精神错乱等。近年来,心理学家也开始关注这种现象。有一种理论认为,这种现象不过是记忆系统运转过程中产生的一点小瑕疵。

"我肯定见过!"

感觉眼前的事物曾经见过,这种记忆在心理学中被称为再认记忆(recognition memory)。再认记忆分两种情况:一种是"回忆"(recollection),你确实能够回想起以前经历过的那个情境;一种则是"熟悉"(familiarity),你仅仅对眼前的事物有一种熟悉的感觉,但无法确定它的来源。

比如,昨天你在楼道里见到了一个人,今天又在电梯注意到他,这时有两种可能性。一种可能是,你回想起昨天确实在楼道见过他,于是把他认出来了。还有一种可能是,你对他的面孔有一种熟悉的感觉,却怎么也想不起来具体在哪里见过。不过基于这种熟悉感,你也会认为自己曾经见过他。

"昨日重现"的产生也与这种熟悉感有关。以本文开头的场景为例,可能你过去经历过一些类似的场景(比如在咖啡馆和别人聊天),虽然你没有意识到,但是这些场景的特征已经储存在了你的记忆系统当中。此时此刻,坐在这个朋友对面,周围的一些线索与你记忆深处那些相似场景的特征(比如昏暗的灯光)匹配起来,产生了一种熟悉的感觉,使你的大脑自动将眼前的场景判断为曾经经历过,从而导致了"昨日重现"的体验。

支持的证据

有一些研究证据支持这种解释。比如有研究者发现,那些热爱旅游、经常做梦或是喜欢看电影的人,体验到"昨日重现"的次数也比较多。用上面的理论解释,这是因为这些人见多识广,经历丰富,见过的不同场景比较多,所以从概率上讲更容易遇到熟悉的场景。

还有研究者通过实验诱发了类似的体验。比如,美国哥伦比亚大学心理学家艾伦·布朗(Alan S. Brown)和杜克大学心理学家伊丽莎白·马氏(Elizabeth J. Marsh)给一些大学生呈现了远方一所学校的校园照片。间隔一段时间之后,他们又找来这些大学生,给他们呈现这所大学的照片,其中有些第一次就看过,有些没看过,并让他们判断这些场景自己是否去过。结果发现,对于那些在第一次实验中看过的场景,被试更容易判断为去过,虽然实际上他们并没有去过。

这些研究都支持了熟悉性再认理论对于"昨日重现"的解释。当然,这并不是问题的最终答案,心理学家正在继续分析,究竟是场景中的哪些相似特征导致了这种现象。此外也有人从知觉的角度试图解释这一现象。

不管怎样,下次再有这种"昨日重现"的感觉时你不必惊慌,这不是什么灵异事件,只是大脑和你开的一个小小玩笑。

记忆不靠谱，小心被种植

By　0.618

> 经验说：回忆总是固执地萦绕在脑海中，永远不会变。

> 实验说：我们的记忆很脆弱，每分每秒都受到各种干扰。

不用像电影《盗梦空间》中那样需要组织一支敢死小队，我们的记忆本就脆弱到轻易就能被改变、被种植。不仅是你不能依赖自己的记忆，法官也不能依赖证人的记忆。

63 岁的富兰克林大爷怎么也想不到，一直和他生活融洽的女儿突然要状告自己，而且罪名是富兰克林在 20 多年前奸杀了女儿的朋友。事情已经过去 20 多年，早已死无对证，只能听信女儿的一面之词。不管有没有超过法律的追诉期，对于富兰克林大爷来说，都落了个晚节不保。

可是时隔 20 多年，富兰克林小姐怎么又忽然想起来了呢？按照弗洛伊德的精神分析理论，人是会抑制自己的痛苦记忆的。是心理医生帮助富兰克林小姐唤醒了儿时痛苦的记忆吗？富兰克林大爷真的是逍遥法外多年的强奸杀人犯吗？斯坦福大学专门研究记忆的心理学家伊丽莎白·拉夫特斯却不这么认为——这也许是心理医生的暗示惹的祸。

为了帮助富兰克林大爷洗脱罪名，伊丽莎白·拉夫特斯教授在法庭上讲述了自己多年以来的各种研究，向法官证明记忆是多么不靠谱的东西——法官大人，记忆是很容易被篡改的。我们给参与者看了一段交通事故的录像，录像中两辆汽车撞在了一起。然后请参与者估计一下两车相撞时的时速。按说看了同样的录像，估计出来的速度平均数应该差不多，可是在我们的研究中，如果被问到：你估计后面的车碰到前面的车时速度是多少？参与者回答的速度相对比较小。可是，如果改成问：你估计后面的车冲到前面的车上时速度是多少？参与者就会估计一个比较大的数字。他们的记忆被提问方式改变了。通过类似的办法，我们还成功地改变了参与者对物体颜色、形状、文字等的记忆。

这个改变太微小，不能证明记忆可以种植。富兰克林大爷还是不能脱罪。

您先别急，我再继续讲一个实验。我们给参与者看一辆白色汽车驶过一段公路的录像，并让参与者随机回答一个问题。可能是问：请估计一下汽车驶过的时速。也可能是问：请估计一下汽车驶过谷仓的时速。一周以后，再请这些参与者回来回答一些录像中的问题,其中有一个问题是:录像中出现了谷仓吗?在一周前回答"路过谷仓时速"的参与者大都肯定地表示自己上周在录像中看到了谷仓。而只被简单过问了汽车时速的参与者基本上都坚定地认为自己没见过谷仓。而事实上录像中确实没有谷仓。我们利用提问中的暗示,就给参与者种植了"汽车驶过谷仓"的记忆。同样的办法,让参与者以为自己在录像中看到校车、推婴儿车的女人,或者路标等等都是非常容易的。

这些还是太简单了,你们能不能种植个具体事件?

种植记忆是个非常危险的实验,弄不好就走到了伦理的边缘。尽管如此,我们还是成功给参与者种植了比较中性的记忆。我们先邀请参与者的家人为我们提供三段参与者的真实故事,再加上一段我们杜撰的在商场走丢的经历。这四段故事都由家人来补全细节,形成四段比较完整的故事。把这四段故事都拿给参与者看,如果记得,就补充上更多的细节,如果不记得,就写自己不记得。结果竟然有 25% 的参与者绘声绘色地为自己从来没经历过的迷路事件添补上了各种细节,好像真有这件事似的。

25% 仍是个少数。而人命关天的记忆,也不是那么容易种植的。

可是法官,富兰克林小姐每周都要和心理医生见面,我们的实验确实很短。况且,富兰克林小姐可能就是这 25% 当中的一个……

20 多年前,富兰克林大爷被判入狱。如果放到现在,事情一定会有另一种结局。越来越多的证据证明了记忆有多么得不靠谱。

道歉真的有用吗？

By　琦迹 517

> 经验说：说句"对不起"，从此我们不计前嫌。

> 实验说：我们常常高估了道歉的意义，辛苦要来的"对不起"反而让错的一方博得了更多同情。

你必须向我道歉！不然这事儿没完！对不起，你太高估道歉的重要性了。道歉不但不能帮你解决麻烦，反而帮罪人博得了同情，让坏事做得更加理直气壮。别以为一句"对不起"就可以不计前嫌了，有诚意的话，就拿出点儿实际行动吧！

因片场意外爆破烧伤了俞灏明、任家萱(Selina)两位明星，《我和春天有个约会》的导演陈铭章于 2011 年 1 月 15 日在微博发文向两人道歉。此文一出，沸腾了许久的网友要求道歉的声音渐渐淡去，而对陈铭章道歉的批评声却开始沸反盈天。一时间，"道歉"也成了网络的热索红词。

说到道歉,你首先想到了什么?

广大爱果壳的极客们也许不大会喜欢《流星花园》这种偶像剧,但在日常生活中你可能已经不止一次地引用了其中的一句经典台词,没错!就是道明寺说的那句:"如果道歉有用的话,那还要警察干吗?"那么,道歉到底有没有用呢?

"道歉"实验

说来也巧,戴维·克里默(David De Cremer)、马丹·皮鲁特拉(Madan M. Pillutla)和克里斯·雷因德斯·福尔摩(Chris Reinders Folmer)三位来自伊拉斯姆斯大学与伦敦商学院的教授在最近一期的《心理科学》上就发表了一篇关于"道歉"研究的文章,阴差阳错地成了道明寺的"后台"。

文章指出,如果别人做了对不起我们的事,我们都会希望对方能够道歉,但就目前来看,人们在预测"道歉"到底有多少价值时总是很不靠谱——我们总是倾向于高估道歉在现实中的效果与重要性。举个例子,室友开迅雷软件下载文件影响了你浏览网页的速度,你念叨了几句表示谴责,本以为室友向你道个歉这事也就过去了,但当室友一边说着对不起,一边依旧毫无负罪感地继续毫不顾忌地下载时,你心中的无明业火似乎一点也没有减弱……这样的道歉还不如没有。

为了证明人们是如何思考"道歉"的,戴维和他的同事做了一个实验:让实验参与者坐在电脑前,并持有研究者提供的 10 欧元作为"启动资金",他们可以选择自己保留 10 欧元,或者把这钱"投资"给与他们通过电脑交流的搭档。游戏规则是,参与者给搭档的钱会被翻三倍,然后他们的搭档可以自行决定还给他多少钱作为回报。

参与者大多选择把 10 欧元全部投资给自己的搭档,因此搭档们几乎都有了 30 欧元的收益,然后就到了搭档决定回报多少给参与者的时候了,真正关键的步骤现在开始——很显然,这些搭档都是研究者找来的"托",他们"残忍"地只拿出 5 欧元给参与者作为回报。你可以想象这是件多么让人愤怒的事!然后,有一部分参与者会因为这种资本家般的"剥削"而得到来自搭档真诚的道歉,而另一部分参与者则只能被研究者要求想象一下搭档们已经向自己道了歉。实验的最后,研究者会让参与者评估"道歉"到底有多大的效果。

结果发现,想象道歉的这一组在评估"道歉"价值时明显比实际得到道歉的那组高得多。这或许是因为没有真实得到道歉的那一组有更多的想象空间,反正惊人的结果就是,"画饼充饥"的这一组对"饼"——道歉的价值评价远远高于真实得到道歉的参与者。

戴维还指出,人们总是想象道歉能让双方都感觉很好,而事实上并非如此,更确切地说,"道歉"会让旁人相信,犯错一方感觉糟糕的程度远远高于让旁人相信受委屈一方感觉变好的程度。而且,道歉只是和解过程中的第一步,你必须表现出真诚的改进态度才能真正促进和解过程的深入。

对于道歉的误解

在日常生活中,人们总是倾向于高估道歉的效力和接受道歉后产生的影响力,认为"道歉"是"无懈可击"王牌,但打出来以后才发现它抵挡不了现实残酷的"杀"。① 生活中的道歉并没有我们想象的那样有效,在围观群众的眼里更是如此,他们更会认为道歉只是让犯错的人感觉到不好意思,并不会让受害者舒服多少。所以,不要以为你愿意拉下脸皮道歉就能得到别人的原谅,更不要觉得自己宽宏大量到只要别人道歉就能尽释前嫌,道歉没那么大的分量!

当然,道歉不像我们想象的那么重要,并不意味着道歉就是一无是处。虽然道歉只是犯错者退让的一小步,却也是和解过程中的一大步,只要犯错者能表现出还会有所改进的态度,就能大大促进另一方的原谅。所以,道明寺的口头禅并非完全正确,"道歉"没有想象的那样强大,但也是和解必经的过程。

陈铭章的道歉,无解!

2011 年 1 月 15 日之前,无数的粉丝和网友强烈要求陈铭章道歉,以为他亲口说出"对不起"就能暂缓广大群众的不满情绪,可

---

① "无懈可击"和"杀",游戏《三国杀》里的牌张。

当陈铭章千呼万唤始出来地发文道歉后，人们才发现道歉并没有平息他们哪怕半点的怒气，对于陈铭章导演的指责反而越来越多：叫你这么晚才道歉！叫你道歉时偏袒 Selina！叫你当导演！叫你不戴帽子！

　　"道歉"没我们想象得那么有用，所以当粉丝们经历这种期望的落差后，陈铭章会经历这一波又一波的公愤也就在所难免了。为了让群众能够真正原谅你，陈导，你可要好好拿出点实际行动来！

痛，是为了快乐着

By　没围脖的兔子

> 经验说：疼痛只能令人痛苦。

> 实验说：疼痛确实能让人在短期内感觉变好。

　　你试过用小刀和打火机来缓解压力吗？虽然听上去不可思议，但是自残在短期内确实会带来一些快感。

　　"咚咚咚，是我哟。不用开门，我已经进来啦！"压力这厮的出现总是这么突如其来。而且，就像每个月总有的那么几天，它总是会如期而至。你打算怎么做？发愤狂奔 5000 米？一个人缩在角落大哭一场？还是看美剧看到海枯石烂？

　　压力嘛，其实没什么大不了的。跟它混熟了，大家各自摸出了一套独家待客法，不过多半是发发牢骚打打游戏，顶多意气所至学武松将那桌子拍得肝儿颤，"小二，来三两白酒，两斤上好黄牛肉！"

可是,吃饱喝足后它仍赖着不走,还有什么更好的办法吗?小刀和打火机?你也许从来没试过,可确实有许多人这么做了。

蓄意直接并且没有自杀意图地伤害自己的身体,这就是所谓的"非自杀型自我伤害"(nonsuicidal self-injury, NSSI)。据精神健康基金会估计,每130人中就有1个人这么做过,而2010年8月在美国心理协会(APA)会议上的一项研究指出,近十年间实施非自杀型自我伤害的人数正在迅速增长。

关于自我伤害的研究千千万。伤害自己的原因很简单:人们普遍反映,这样发泄之后,他们觉得好多了。

真的吗?烧伤或割伤没有令人更加痛苦,反而能让他们快乐起来?

答案听起来也许很不可思议,但是,事实不可否认:自我伤害的行为确实能让人在短期内感觉变好。但是,减压的关键在于疼痛消除的那一瞬,而不是尖锐的疼痛感。北达科他大学的心理学家布雷森(Konrad Bresin)指出,消极情绪越多,从疼痛消退中获得的解脱感就越强烈。这也就解释了,为什么消极情绪水平高的人更倾向于采用自我伤害的方式来发泄。蹦迪发牢骚通通失效,消极情绪多得要溢出来的人,很容易拾起小刀制造疼痛,再从疼痛的消散中得到宽慰。

令人奇怪的是,遭受疼痛本身并不是一件令人愉快的事,为什么遭遇令人难受的疼痛后会感到解脱,而不是更加痛苦?北卡罗来纳大学心理系的富兰克林(Franklin J. C.)和他的研究团队表明,掌管普通消极情绪的那几个脑区正是处理疼痛引起的消极情绪的大本营。也就是说,大脑差不多把身体上的不适和心理痛苦当一回事来处理。当肉体的疼痛消除,精神上的憋闷不快也随之而去了。对于这一点,确实有证据表明镇痛剂,如对乙酰氨基酚,也能缓解情绪痛苦。

尽管自我伤害在短时间内能有效缓解压力,但是,它很有可能演变为自杀的前奏。自虐者在自己身上留下的伤痕即为无声的呼救,伸出援手才有可能让他们真正快乐。

上瘾不全是毒品的错

By 艺 茗

经验说：一朝吸毒，终身想毒。

实验说：有幸福生活可以享受，自会远离毒品。

"瘾君子"都是毒品害的吗？每个"瘾君子"背后都有一个不幸的故事。"老鼠乐园"里的老鼠却不喜欢虚幻的快感。吗啡面前，它们也不为之所动。

1954 年 5 月 13 日 8 点，老奥在打开实验室大门的时候震惊了！实验桌上，又一只白鼠悄无声息地躺在笼子里。这已经是三天中第七只死掉的老鼠了。到底是谁杀死了它？

老奥勘察现场后发现，这只老鼠被单独放在一个笼子里，前一天放入的食物一动未动，其他的老鼠都各自分开，被单独反锁在笼子里。老奥打开笼子，将死亡的老鼠取出，放在实验台上正准备解剖，他突然发现，在老鼠头部靠近嘴角的地方毛发稀少，有一条线状的隐隐约约的秃毛区域。接下来怎么办？对，验尸！随后，他取出之前所有老鼠的尸体检查。果然不出所料，所有 7 只死亡的老鼠，头部都有一样的伤痕！

此时，老奥的脸上露出了惊悚的表情：吗啡！

在所有死亡老鼠的笼子旁边都有一瓶吗啡！这些老鼠嘴边的伤痕，是他们想要吃到吗啡时，嘴被笼子的栏杆挤压造成的。为了吗啡，一只只老鼠不惜生命，用尽一切努力。于是，它们没有时间吃饭，活活饿死了。

等等！这个案子里还有很多漏洞，实验室要吗啡干什么？另外，为什么每一只老鼠笼子旁边都有吗啡，同一种药物不应该放在一起吗？怎么到处都是？嗯哼，我承认，这个故事是我编的，故事情节如有雷同纯属巧合，但是，故事结果却绝对是事实！

从 20 世纪 50 年代开始，许多科学家做了很多类似的实验，他们发现，小白鼠会不畏艰难险阻（最典型的就是电击），不要天长地久（可以饿很久不吃饭），只求曾经拥有那神奇的吗啡带来的快感。最后，很多老鼠为之献出了宝贵的生命。

所以，吗啡就是终结这些生命的杀手。这些血淋淋活生生的事实也足以证明，一些特定物质的强烈成瘾性可以让可爱的小白鼠们不吃不喝不睡。

但是，有一位兄弟说：上瘾不是吗啡的错，都是孤单惹的祸！

加拿大西蒙菲沙大学的布鲁斯·亚历山大（Bruce Alexander）发现，这些用于研究的老鼠们生活都很悲惨，被剃毛、插导管、独自一人守空房、夜夜孤单等天亮……亚历山大教授很同情老鼠,他想:"要是住这样的地方,我也需要吗啡。"

于是,亚历山大教授想出了一个好点子,他给老鼠们准备了两种生活环境。一种是封闭的单人间,另一种是一个大"乐园",可以让许多只老鼠待在一起,提供它们喜欢的木头刨花做沙滩,放一些空罐子做凉棚,还把笼子的顶拆了,让它们晒太阳。他准备了 32 只老鼠,雄雌各半,分成两组,分别放在单人间和乐园里。大约 40 天之后,他从两组里各自取出一半老鼠"交换空间"。交换 15 天后,实验开始了。

吗啡有些苦味,所以亚历山大教授要加一些焦糖中和,以免老鼠因为不喜欢它的味道而影响实验结果,所以他先给两组老鼠都提供一段时间的苦水加焦糖和自来水,然后再分阶段同时提供不同浓度的吗啡加糖的混合溶液和自来水。实验结果发现,老鼠的吗啡饮用量,和它换没换过地儿,没什么关系;喝多少吗啡,只跟它们现在住哪儿有关系。在加吗啡的试验中,虽然两组老鼠都会去喝含有吗啡的水,但是乐园里的老鼠喝的吗啡要比独守空房的老鼠少得多。在一些特定浓度下,单人间的老鼠饮用的吗啡溶液量甚至是乐园老鼠的 19 倍;而且,在加苦水的试验中,两组老鼠的结果没有显著差异。这个差异可以说明,是老鼠目前的居住环境影响了它们的吗啡摄入量。即使之前住了 40 天的单人间,只在乐园里待了 15 天的老鼠们也开始少吃吗啡了。

亚历山大教授认为,这是因为老鼠的自我管理机制受到生活环境的影响所导致的。在乐园里的老鼠自我管制较强，不让自己太上瘾，而单独居住的老鼠则放纵了自己。但这种作用到底是人际环境影响更多，还是和生活设施关系更大，或者两者都有作用，他并没有明确指出。从这个实验来看，也确实分不出来。

这个试验设计中还是存在一些问题的，除此之外，在实验过程中，有两只雌性老鼠意外死亡，还有一次因为停电丢失了几天的数据。所以这篇论文先后被《科学》(Science)和《自然》(Nature)杂志拒绝，发表的历程艰难曲折。

回到人类的世界，禁毒所是应该多配一些跑步机、游戏机呢？还是多组织一些社交活动呢？如果资金足够的话，双管齐下最保险。

也许我们不该从道德层面责备那些"瘾君子"，反而应该同情他们的寂寞处境；也许我们不必担心自己会变成"瘾君子"，只要生活充满幸福；也许我们不必为自己没有嗜好难过，因为我们不够寂寞。

寂寞，没关系，孤单，也没关系。可是孤单久了，就要小心，因为，它可能会杀死你！

欲有灼见，必先自恋

By 琦迹517

经验说：自恋的人目中无人，在团队里最不受欢迎。

实验说：有自恋者的团队更有创造力，他们的表现欲可以促使团队产生更好的想法。

自恋的人目中无人，在团队里最不受人欢迎？有自恋者的团队更有创造力，他们的表现欲可以促使团队产生更好的想法。团队中缺少激情和创造力，说明你们还不够自恋！

回忆一下，不管是在学生时代的课堂上，还是在组织部门的会议中，你是否总能想起几个特爱表现、出风头的"出头鸟"形象？

他们把课堂当成个人的表演秀，把会议作为自己的演讲台，抓住每个可以自我表现的机会高谈阔论，而你却只能在他们的光芒背后低声附和。真恨不得有一天让这些趾高气昂的家伙消失。

这些家伙消失，就是你大显身手的时刻了吗？可一到会议进行时,你和大家都傻眼了,每个人都面面相觑,不知如何开口,那种曾经积极活跃的讨论氛围似乎也一起消失了,你连低声附和的机会都失去了。

前一阵《自然》上发表了一个关于自恋的研究,发现自恋者非常善于让他人相信他们的想法是多么富有创造力,尽管这些想法实际上可能非常一般。此外,与没有自恋者的团队相比,拥有几名自恋者的团队会提出更棒的方案。

事实上果真如此吗?美国康奈尔大学的心理学家杰克·孔卡洛(Jack Goncalo)和莎伦·金(Sharon Kim),以及斯坦福大学的佛朗西斯·弗林(Francis Flynn)做了这样一个实验,他们把76名大学生每2人分为一组。给A同学看一部电影,然后把电影内容尽量添油加醋地讲给B听,由B同学按照A的讲解打分。

这些电影本身都很无聊。但是当它们被那些最自恋的学生(他们的自恋程度是经由一份所谓的《自恋人格调查表》中的16项问卷评估而定的)添油加醋以后,这些想法给另一个同学留下了更深刻的印象,比最不自恋的表述者留下的印象深刻了约50%!然而通过让评估者只看这些电影表述的文字形式,他们发现,自恋者的想法在创造力水平上被认为与非自恋者的提议相差无几。研究人员认为,能让人产生不同印象的差异不在内容上,而在于表述本身:自恋者往往更有激情、幽默诙谐并令人陶醉。根据以往的研究,所有这些特征都与人的创造力有关。

对,不是他们的才干,而是自恋者的那种激情,那种妙趣横生的自我表现欲，让他们的一言一行都更加动人和理直气壮，也让人更有理由相信他们会成功。自恋，可以算古今中外的成名人士的居家旅行必备特质，不管是"天生我材必有用"的李白，还是苹果教主乔布斯，甚至是"往前推 300 年，往后推 300 年，总共 600 年之内不会有第二个人超过我"的凤姐，都因为拥有自恋这一特质而在各自的领域获得了"成功"。

不够自恋怎么办？没关系，唐僧的四个徒弟也不可能都是孙悟空，那样效率反而低。

为了搞清自恋者是否有益于商业活动，杰克、佛朗西斯和莎伦将另外 292 名学生每 4 人分为一组，并要求他们制定建议，以改善现实企业和其他组织的工作状况。那些包含了 3 名或 4 名自恋者的团队提出了很多的建议，可惜未能达成共识，最终也没生成和讨论出多少主意来，没有自恋者的团队也是如此，而自恋者占组员一半的团队最终产生了最多的想法。杰克表示，他并不确定这种特定团队结构产生了最多想法的原因，但这恐怕是缘于自恋者有助于在讨论中获得想法。然而如果有太多的自恋者，那么这间屋子中便会有太多的自负，阻碍了任何结果的达成。

还在为组织里没有人能提出真知灼见而苦恼吗？快快快，去为你的组织找几个爱臭美的人吧！

就是忍不住听你的电话

By 0.618

经验说：两个人在图书馆里嘀嘀咕咕最烦人啦！

实验说：你就知足吧，如果有一个人在打电话，你受到的干扰会更大。

　　和你通话的是谁？他在说些什么？听不到呀，真着急……尽管声音不大，但对好奇心泛滥的你来说，一个人在旁边打电话，比两人激烈聊天的干扰还要大。

　　就算只听到一些"对……""嗯……""行……"之类的音节，你也总会不由自主地去把对话补充完整，从而心烦意乱，注意力分散得一塌糊涂。这是为什么呢？其实，遇到这种困扰的不止是你，心理学家劳伦·安伯森（Lauren Amberson）在康奈尔大学读书时，就总在校车上被那些打电话的人干扰，别说是看书了，就连听音乐也听不进去，每次非得等着别人把电话打完才能安心。

打电话的干扰性真的比对话更强吗？

安伯森教授打算做个实验验证一下。她录下了两段女大学生的手机通话：一段被录成对话形式——双方的谈话都能听见。另一段则录成半对话形式——只有一个人的声音。然后她找来一批参与者，把他们分成几组玩相同的网络游戏，同时在隔壁给这几组人分别播放之前录好的对话或者半对话录音。

如你所料，游戏中表现较差的正是那些旁听半对话的参与者。

在听完整对话的时候，我们不需要去猜测对话双方接下来会说些什么，反正一切都在我们的掌控范围内。而在听半对话时，我们却必须要做一个"完形填空"以补全听不到的内容。

"嗯……"

"好的好的……"

"行，再见。"

上面这段话可能会被你的大脑补充想象成：

"开会呢？"

"嗯。"

"晚上一起吃饭？"

"好的好的。"

"那老地方见？"

"行，再见。"

　　对我们来说,对话的一半内容是未知的,可喜欢"一切尽在掌握"的大脑又怎么能受得了这种不可预测所带来的挑衅?大脑会对不可预测的内容加以警惕,以应付各种可能的突发事故,这是它在漫长的进化史中所形成的本能。所以有人在旁边打电话时它会不受控制地开足马力,费力思索。

　　因此,在地铁上或办公室里,只要旁边有人开始煲电话粥,你就别想清净了。就算你真觉得自己对那通电话的内容不感兴趣,大脑也会在本能的驱使下对其投以极大的关注。想要避免这种困扰,可以试着戴一副耳塞来隔音。可能的话,也可以请那位同学到一个超出你听力范围的地方继续通话。

　　要知道,打电话时,周围的人其实都会在心里默默地跟你对话。想象一下这诡异的场景,以后你还会旁若无人地当着其他人的面打电话吗?

忘记一切，痛苦依旧

By 赵紫凌

> 经验说：忘记可怕的经历，心中的伤痛会更快消失。

> 实验说：如果关于某件事的记忆被遗忘，那么人将更难以走出因这段经历所引发的情绪的影响。

忘了他就能忘掉失恋的痛？忘了来时的路，就能忘掉一路以来的凄楚？别以为忘掉事件就可以忘掉情绪。通过对短期记忆丧失的病人的研究发现，他们记不住具体事，却比一般人能产生更持久的情绪。

忘了他就能忘掉失恋的痛？忘了来时的路，就能忘掉一路来的凄楚？我们总以为情绪和引发情绪的事件是形影不离的，但实际情况真的如此吗？

如果想弄清楚记忆和它所引起的情绪能否分离，具体的实验实在难以设计。不过贾斯廷·费尔斯坦(Justin S. Feinstein)的研究小组却突发奇想，他们选择了海马体出现对称损伤(顺行性失忆症)的病人。这种脑组织损伤的奇特之处在于,损伤前的记忆仍然保留,但是损伤之后的经历却无法形成新的陈述型记忆(心理学上把记忆分为陈述型记忆和程序型记忆,比如讲故事和游泳)。也就是说,一旦你的海马体也那样倒霉了,那么从那时起,你的大脑就不再会写入新的记忆了。

费尔斯坦教授随机选择了 5 名海马体对称损伤的病人。他们参与了一项为期 60 分钟的记忆测试和情绪测试。之后,又有 5 名年龄和身体状况与之相近的普通人参加了测试。

测试者们首先观看了几个电影短片。有的带有失败、死亡、灾难等能让人悲伤的元素,另一些则带有成功、胜利、爱情等能让人欢乐的情节。短片播完后,他们接着参加情绪评估测试,以及对短片内容的记忆测试。

测试的结果很有趣:那些海马体损伤患者在很短的时间内就把影片忘得差不多了,其中一个病人索性忘得一干二净。

事件忘记了,那么他们的情绪是否也完全不受到影响呢? 答案是否定的。

与记忆的遗忘速度相反,脑科病人们的情绪消退速度明显比一般人更慢。而且,欢乐的情绪在病人们的心中停留时间较长,而悲伤的情绪则消失得相对更快。

"即使你不知道是什么让你痛苦或开心,你还会感到痛苦和开心吗?"面对科学家的这个问题,病人们的回答惊人地一致:"正因为我想不起来,到底是谁或什么事让我这样,我才一直这么悲伤或者开心。"所以,你是想让他忘记昨日的伤痛,他却更难以走出悲痛的情绪。

不过另一方面,这个实验也证明,对于患有遗忘症的病人来说,护士们努力逗他们开心的做法并不是徒劳无功的。他们虽然会很快忘记发生的事情,但是他们会记得快乐。千万不要因为他们健忘就冷落他们。

也许全世界也可以忘记,至少,快乐还会继续。

美味来自"死嗑"？

By　0.618

> 经验说：瓜子难磕，鱼刺卡喉咙，为什么有人可以吃得津津有味。

> 实验说：来之不易的食物最好吃。

爱吃瓜子，可为什么不爱吃嗑好的瓜子？爱吃鱼，可为什么不爱吃剔骨的鱼？心理学家告诉你，越不容易吃的东西越好吃。

瓜子你爱吃吗？你爱吃它的什么？

承认吧！你根本不是爱吃瓜子，你只是喜欢"嗑"。吃的就是这份来之不易的感觉。

在这一点上，人和老鼠似乎是一样的。至少，约翰·霍普金斯大学的亚历山大·约翰逊（Alexander-Johnson）和同事们都这样认为。他们给老鼠准备了两份差不多的小甜品，都放在特殊的盒子里，只有压动杠杆才能得到食物。不同的是，食物 A 只需要按 1

160

下，而食物 B 则必须按 15 下才能得到食物。训练一段时间后，这些小老鼠就可以随便想吃什么吃什么了。本来他们同样爱吃这两种食物的，经过训练以后，就培养出了他们对食物 B 的偏爱，他们吃了更多的食物 B。

那么能不能通过这种方式跟我们平时不爱吃的低脂食品培养培养感情呢？还真的可以，目前在小鼠身上已经成功实验过了。约翰逊他们把食物 A 改成高脂肪食品(通常有点儿油水的东西都更好吃)，把食物 B 改成低脂肪的食品。通过一段时间的训练以后，这些小鼠比其他小鼠更喜欢吃食物 B 了，不仅吃得更多，而且舔得更多(越爱吃就越爱舔)。

辛苦得到食物的过程增加了食物的价值，而且在你努力的过程中还在不断意淫，更坚定了自己对这种食物的喜爱。没有了这个过程，反倒吃不出滋味了。话说我本来挺爱吃栗子的，每次都嫌剥皮很麻烦，于是有一天，心血来潮决定先把皮都剥好了再一次吃个痛快。忍了一个小时的口水终于把所有的栗子都剥好了，开始吃时确实很痛快，可是渐渐地就越吃越难吃，最后都吃不下了……

反过来，这个方法加以利用就可以改变饮食习惯。以后建议减肥食品都设计成瓜子、葡萄、鱼、石榴、甘蔗的样子，吃的时候麻烦一点儿，说不定大家吃起来就不用这么痛苦啦！

中了头彩和意外残疾—— 一样快乐

By　0.618

> 经验说：我要是中了头彩，这辈子就快乐啦！

> 实验说：快乐来自内心，你的"心理免疫系统"可以自己合成快乐。

中了彩票和意外致残的人，谁更快乐？答案是：他们最终一样快乐。

二选一，你愿意中头彩还是终生残疾？

好吧，我不该这么问，因为一般没有人会选择后者。那么，中头彩和终生残疾哪个更开心呢？如果以为这个问题的答案和上一个一样简单，那你就错了。一年之后，因为事故导致终身残疾的人不再悲伤，中头彩的人也不再高兴，事实上他们的高兴程度变成一样的了。无法想象？请继续往下看。

"我现在过得非常好。身体上，精神上，各个方面。"前美国众议院主席吉姆·莱茨因为政治丑闻而被迫辞职，从此失去了自己以前的一切权力、地位、金钱。但在多年以后，面对《纽约时报》的采访，吉姆却如是说。

"这是一个荣耀的经历。"莫里斯·比克曼含冤入狱37年之后，不是抱怨上天的不公，不是自我安慰，反而将这个经历看作神圣的荣耀。

这种例子随处可见。也许没有他俩那么悲剧，但是你身边一定不缺这样的故事。别人看来不幸的生活，他们自己却过得有滋有味。我们真的可以自己合成快乐吗？为此，哈佛大学心理学家丹·吉尔伯特(Dan Gilbert)做了一个实验。

他首先让参与者看了6张莫奈的画，并按照从最喜欢到最不喜欢给这些画排出1到6号。为了表示感谢，参与者可以带走其中一张留作纪念。巧的是只剩下3号和4号两种图了。当然，如果你是参与者也一定会赶上3号和4号，因为这是设计好的，无论你怎么排，都只会剩下3号和4号。考虑到喜欢3号还是比4号要多一点点，参与者欣然选择了3号带走。

过了几天，再让参与者看同样的6张画并排序，观察他们的喜欢程度有没有发生变化。这些一模一样的画，在参与者心目中的位置果然改变了，以前的第三位升到了第二位，第四位却降到了第五位。他们对自己得到了的画更喜欢了，对自己没得到的则更不喜欢了。

可是，这并不足以说明参与者自己合成了快乐，他们也可能是因为拥有，所以快乐。于是，丹·吉尔伯特找到了顺行性失忆症患者又重复了一遍实验。这些患者有个特点，他们虽然保留着童年的记忆,但对新发生的事情转眼就忘了。他们也被要求给画排序,然后从排名三四位的画中挑一张留着。

实验者出去溜达了半个小时后,又回来了。

"大夫,我认识您吗?"

看来患者已经忘了半个小时以前的自我介绍了。不过,他还记得刚才的实验吗?

"你还记得刚才你挑了这 6 张画中的哪张吗?"

"不记得了。是这张吗?"患者犹豫不定,完全随机凭感觉猜了一张。看来他是不记得了。实验可以继续了。

"那么你能按照自己的喜爱程度给这 6 张画排个序吗?"

尽管患者不记得自己之前的结果,也不记得自己拿了哪张,但是他们还是得到了和普通人一样的结果:第三位升到第二,第四位降至第五了。看来对于三号的喜爱不是因为在第二次排序时知道自己拥有了它,而是在刚得到它时就产生了愉悦的情绪。失忆症患者虽然忘事,但是他们不"忘情"。之所以他们第二次对三号的评价变高了,就是因为他们再次看到三号时产生了更积极的情绪。不为什么,就是乐意。

我们的情绪系统就像我们的免疫系统,可以自己调节。外界不给我们高兴,我们自己创造条件也要高兴,我们自给自足。虽然达不到"不以物喜,不以己悲",但是我们每个人都远比自己想象的要强大许多。考试的成败,比赛的输赢,职位的升降,家庭的聚散,对于我们情绪的影响都是短暂的,因为我们每个人自己才是快乐的源泉。

乐嘉的"性格色彩学"是个山寨版？

By　沉默的马大爷

　　最近,有人在网上指责《非诚勿扰》嘉宾乐嘉"涉嫌抄袭",说他的"性格色彩理论"直接套用自《性格密码》和《色彩密码》两本书,不过是捡起了几千年前的旧思想,是伪科学。心事鉴定员认为,性格色彩学和科学心理学的差别主要在前者缺乏实证基础。

　　一个电视相亲节目《非诚勿扰》红了"心理专家"乐嘉和他的性格色彩学。和这个节目制造的其他话题一样,"性格色彩学"一问世便引起议论纷纷,甚至有人声称这种新理论根本不是他创造的,而是抄袭得来的。

　　"性格色彩学"是革命还是抄袭,是心理学还是伪科学？不管结论怎样,乐嘉都已经被相当部分媒体和公众看做是中国最知名的"心理学家"了。

乐嘉革命性理论不过是俗套

　　根据 FPA 性格色彩官方网站的资料,乐嘉是"中国性格色彩

研究中心创办人"、"FPA 性格色彩创始人"。这套"革命性的性格
分析系统"把人分成 4 类,并用红、黄、蓝、绿 4 种颜色进行区别,认
为这 4 种人在动机上存在根本性的差异,并可据此分析他们的个
性特征、性格优劣等等。

　　不过,最近却有人指出这套系统抄袭了美国人泰勒·哈特曼
(Taylor Hartman)的《色彩密码》(*The Color Code*)。乐嘉的"性
格分析系统"描述的 4 种性格和泰勒所提出的极其相似,只是颜色
稍有变化。如果将泰勒使用的红色、黄色对调,将绿色改成白色,
那么,这两种理论就几乎"一模一样"。稍作调查还会发现,美国人
罗格·波尔克曼(Roger Birkman)在《性格密码》(*The True
Colors*)中提到的四种颜色甚至不用调换顺序就直接与乐嘉的性
格色彩吻合。《性格密码》中的颜色配上《色彩密码》中的描述,与
乐嘉的"性格分析系统"非常相似。

　　这两本书先后在 2001 年和 2002 年被翻译成了中文。再往前追
溯,美国的丹·罗瑞(Don Lowry)早在 1979 年出版的成功学畅销书中
就已经用蓝、金、绿、橙 4 种颜色来划分人的性格了。(详见表 4-1)

表 4-1　各类性格理论

希波克拉底	乐　嘉	泰勒	罗格	丹
多血质	红色		红色	橙色
抑郁质	蓝色	蓝色	蓝色	蓝色
胆汁质		红色		
黏液质	绿色	白色	绿色	绿色

如果我们比较一下这些五颜六色的理论，就会发现它们在具体的分类上其实都是差不多的：第一类人（乐嘉和罗格的红色、泰勒的黄色、丹的橙色）追求快乐、活泼好动；第二类人（四种理论均为蓝色）追求完美、阴郁、重人际关系；第三类人（乐嘉和罗格的黄色、泰勒的红色、丹的金色）有控制欲、有条理、重效率；第四类人（泰勒的白色、其余理论的绿色）不好动、耐心、求稳。

性格色彩捡起了 2000 年前老观念

对医学史和心理学史稍有了解的人一定知道，将不同性格分类的做法可以追溯到更早的时候——它们都与古希腊医圣、哲学家希波克拉底的"四体液说"有关。

早在公元前 400 年左右，作为西方医学奠基人的希波克拉底就提出人体内 4 种体液的多少决定了这个人的性格。他认为人体内有 4 种基本体液：血液、黑胆汁、黄胆汁、黏液。不同人身上的这四种体液的比重是不同的，哪种体液占主导地位决定了这个人的气质：

- 多血质：血液多，这种人快乐、好动；
- 抑郁质：黑胆汁多，这种人悲伤、易哀愁；
- 胆汁质：黄胆汁多，这种人易激怒、易兴奋；
- 黏液质：黏液多，这种人缺乏感情、行动迟缓。

虽然解剖学方面的证据已经驳斥了希波克拉底关于体液的假

说，但是他对于个人气质的分类却流传了下来，影响了此后众多的性格分类系统。而前面提到的那些性格色彩学理论与希波克拉底体液说的血缘关系更为明显，它们看起来只是给 4 种"体液类型"涂上了不同颜色而已。

没有实证基础就没有心理学

听心事鉴定员分析到这里，想必你已经对"性格色彩学"的发展史有了一个初步的了解，大致明白了它的实质不过是一种古老的性格四分类理论。现在的问题是，这种分类方法究竟是否科学？关于这个问题，本心事鉴定员只能很遗憾地回答：在当今的科学心理学领域里，希波克拉底的思路已经失去了研究者的偏爱。

性格问题属于人格心理学（personality psychology）的研究范畴。希波克拉底的遗产代表了一种研究人格的思路：研究者提出一些不同的人格类型（personality type），通过这些人格类型，就可以将人群划分为不同的类别。

不过，现在人格心理学家更愿意采取的是另外一种思路——描述"人格特质"（personality trait）。特质就是一些持久的品质或特征，不同的人在这些特征上存在量的差异，并且这种差异是连续的。比如，"外向性"可以算一种特质，有些人比较外向，有些人则比较内向。统计每种外向水平的人数，就可以画出一张图来：

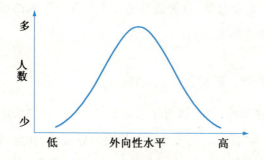

　　如图所示，大部分人在"外向性"方面处于中等水平，越往外向或内向的方向走，人数就越少。通过若干个这样的特质，比如"诚实"、"友好"等，就可以完整地描述一个人的人格。人格心理学家的工作之一就是确定究竟有哪些主要的人格特质。

　　这种思路提供了一种更精细的性格描述，在此基础上还可以产生出无限多的组合。近年来的研究也表明，基于特质的人格问卷确实要比基于类型的人格问卷能够更好地预测各种行为指标。

　　当然，我们不能因为采取了一种相对落伍的思路，就嘲笑这些性格色彩学理论，毕竟人格类型研究也有它自己的优势。但问题在于，心理学早已发展成一门实证科学。要想创建一种科学的人格理论，必须接受实证数据的检验。

　　而那些性格色彩学理论往往野心很大。它们宣称自己能最深入全面地描述人格，能揭示人类行为背后的终极原因，能准确地预测别人的行为。但支持这些宣传口号的证据却很少。如果说面对一般公众而无需提供这些数据的话，那么在学术期刊中也看不到相关的研究证据就很难理解了。果壳网心事鉴定员认为，在看到这样的研究证据之前,只能遗憾地将这些五彩斑斓的理论排除在科学的范畴之外了。

精神可以永存，观念请不断更新

2000 多年前,古希腊哲学家泰勒斯因为一句"水是万物的本原"而被尊为"哲学之父",当然不是因为它正确,而是因为它标志着人类第一次用自然本身而不是神来解释这个世界。但是,如果有人现在依然认为水或者"金木水火土"组成了整个世界,那么我们一定会觉得这个人无知可笑。

同样,现在出于对希波克拉底这位 2000 多年前便有意将性格分类的心理学家的敬意,心理学教材中时常提及他的体液说。但是,谁真的会把他的思想当做性格分类的范本呢? 当然,放在"成功学"畅销书中当个小点缀,那就是另外一回事了。

没有难题，只有抽象题

By　0.618

相对论不难理解，公式不难背，数学不难做，只要你能把这些抽象的问题具体化。也许世界上本没有难题，关键是，你能找到一个好的比喻吗？

首先，我们来做一道题，鉴定一下你的成绩吧！

桌子上放着 4 张卡片，它们都是一面数字一面字母，而你只能看到它们朝上的一面。告诉你一个命题："D"的背面一定是"3"。请翻开最少的卡片，验证这个命题的真伪。你会怎么翻呢？

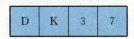

你应该不会动 K，因为它不是数字，也不是 D。你一定会翻开 D，看看背面是不是 3。还要不要翻开其他的牌呢？在皮特·华生

(Peter Wason)的这个实验中,将近一半的参与者认为只要翻开这一张就够了。又有将近一半的人认为,还要翻开 3——命题中提到了 3 嘛。但是,其实翻开 3 是没有意义的,因为即便 3 的背面不是 D,也不能推翻原命题,毕竟人家没说"3 的背面一定是 D"。可是,如果你翻开 7,发现背面是 D 的话,命题一下子就被推翻了。

所以,这道题的正确答案是,翻开两张,分别是 D 和 7。

亲爱的读者朋友们,你们没有看错,这是心理学图书,不是数学课本。请放心大胆地往下阅读吧!

不知道你有没有觉得这道题很绕?华生教授当年做这个实验时,128 个参与者中只有 5 个人答对,这些可都是美国重点大学的大学生,难道他们的脑子真的这么不好吗?

于是华生教授又问了他们另外一个问题:你怎么能够问最少的人就能知道这 4 个人中"开车的都没喝酒"呢?

水	没开车	啤酒	开车

这道题确实很容易就能想到只要检查喝酒的有没有开车,开车的有没有喝酒就可以了。因为喝水的和没开车的根本就没有必要检查嘛。你一定很快就选出"啤酒"和"开车"了吧!

你发现了吗?其实这个问题的思路和前一个问题是一样的。可是为什么这两个问题的难度对我们来说却差这么大呢?如果这是一道考试题,那么这个知识点你到底是掌握了没有呢?

这不是知识的问题,而是思维的问题。所谓抽象的逻辑思维不是凭空而来,而是建立在具体形象的感知的基础上的。在我们还不会抽象思维,还没有语言的时候,我们就已经能够运用自己的感官去理解这个世界了。最开始,只有几个苹果,手指脚趾就够了;后来有了很多苹果,在绳子上打几个结也够了;再后来,绳子上的结太多,人们看得头晕,于是就发明了抽象的数字;后来有了语言和代数……比起形象思维,抽象的思考来得太晚,我们运用得还没那么自如。

同样的问题,和生活一结合就会变得简单。我们学减法的时候,老师总是用苹果举例,"妈妈买了 7 个苹果,爸爸吃掉了 3 个,还剩几个?"

为什么大家都不喜欢背公式呢? 因为公式都是一些抽象的符号。一些人说自己从来不背公式,其实没什么,无非是因为他理解了每个符号的含义罢了。小学数学简单就简单在很容易与生活结合,相对论为什么难? 因为它打破了我们平时的经验,又很难找到恰当的比喻来帮助理解。

所以,课本本来不难懂,试题本来不难做,都怪它们表述得太抽象啦!

chapter 5

抉择： 认识自己了再做

　　"记忆的我"不仅只有记忆和讲故事的功能。 实际上，人做出的决定，往往是由"记忆的我"拍板。 若一个做过 2 次结肠镜检查的病人需要选择一个医生，"记忆的我"会根据记忆数据库中对 2 名医生的打分，选择记忆中感觉较好的那个。 实际上，我们选择的依据并不是体验本身，而是体验留下的记忆。 当我们要对未来做出选择时，我们不会把未来当做某种体验，而是把未来当作基于记忆做出的预见。 就像在餐馆吃饭，"记忆的我"总是凭记忆抢着点菜，也不管"现在的我"想吃什么，反正强迫他吃下去就得啦！

——丹尼尔·卡尼曼

低价，才能收买人心

By 0.618

经验说：干得不错！给个大奖，下回继续这么做。

实验说：外在的奖励越大，内心的动机越小。

奖励越大动力越大吗？都说"重赏之下必有勇夫"，但是本来发自内心的行为却可能因为太大的奖励而失去了积极性。

别人做了自己喜欢的事情，给他一个奖励，便可以达到让对方继续做这件事的功效？心理学家斯金纳认为，人就是这样，很傻很天真。

对于小动物来说，这个方法非常好用。无论是狮子海豚，还是老鼠乌鸦，只要它们做对后立刻给一个奖励，做错后给个惩罚，它们就会乖乖地听话了。看来，通过这个简单的方法，人类都能统治动物世界了，但是，人呢？

作为思想复杂的人类，可不是简单的奖励和惩罚就能控制得了的。美国社会心理学家利昂·费斯汀格（Leon Festinger）曾经设计了一个实验，让两组参与者撒个小谎，说这个东西很有趣，只说这么一句话，一组人就可以幸运地得到 20 块钱，而另一组则只拿到了 1 块钱。后来研究者发现，只拿到 1 块钱的人说完谎后，自己也觉得那个东西有趣了，也就是说他们自己也相信了自己的谎言，而拿到 20 块钱的参与者却没有发生这种变化。为什么呢？因为 1 块钱的价格不够支付"出卖自己"的损失，所以干脆改变自己的观念，免得心灵受到煎熬。

朝鲜战争时美军怎么也想不明白，中国人到底给了战俘什么好处，让这些人都乖乖听话。现在他们明白了，正是因为战俘们没有得到什么物质上的好处，所以才发自内心地说服了自己。相反，太多的物质奖励，反而可能降低主观能动性。第二次世界大战时期有位犹太人经常受到小孩们骚扰，于是他想出了个办法。每次小孩来，他就奖励他们每人 1 块钱，后来他不给钱了，孩子们就再也不来了。因为他们对恶作剧本身的追求已经转移到了金钱上，没钱了，恶作剧也就没意思了。

这个故事的现代版经常在很多家庭上演，本来小孩对学习的兴趣来自于学习本身带来的快乐，结果家长一给物质奖励，孩子对学习本身的兴趣就没了。把兴趣作为职业的人经常会面临这样的困境，而为了生存，另一些人却不得不把职业培养成兴趣。低廉的工资也许不能"收买自己"，但却有可能让自己爱上这份工作。

天下没有白做的广告

By 琦迹517

> 经验说：广告你再放我也不会去买，这么多广告费真是不值。

> 实验说：广告钱不白花，你在不知不觉中就被广告影响了。

"今年过节不收礼……"哈！你脑中一定已经蹦出了接下来的7个字，挡都挡不住。不管你喜欢与否，都不得不承认，广告利用"曝光"和"移情"等心理效应，已经默默地影响了你的态度。

怕上火喝×××！

我也用××，洗洗更健康！

×××，他好我也好。

打开电视，翻开报纸，浏览网页，扑面而来的是各式各样的广告。它们无孔不入，早已占领了所有你能够关注到的地方。

身处这样一个诚信缺失的时代、历经各种信息炸弹洗礼的你，一定自恃早已看破红尘、千锤百炼，不会再被广告蒙蔽双眼。于是你一边鄙视着电视台这种在广告里插播电视剧的行为，一边同情那些耗费巨资用以广告宣传的商家——你以为播一个广告，请一个形象代言人，或者编一句广告词，就真的能让精明的消费者改变主意，购买你家的产品了吗？别天真了，消费者的眼睛可是雪亮的！

慢着，浮云也能迷人眼，难道那么多"唯利是图"的商人，在广告上砸下几百万，就只为听个响？

现在，请用一双相信科学的眼睛去重新审视一下吧！你会发现——广告，大有学问！听说过"混个脸熟"效应（"曝光效应"）吧？广告最简单的招数就是重复重复再重复，在消费者面前混个脸熟，以增加大家对产品的认知。广告商们没日没夜地在各种媒体上向我们进行地毯式轰炸，让他们的广告词比李白的"床前明月光"还脍炙人口，如果有人冷不丁地说一句"今年过节不收礼"，你敢保证你脑中不会蹦出另外那七个字吗？

而梅勒妮·邓普西（Melanie Dempsey）和安德鲁·米切尔（Andrew Mitchell）近期在《消费者研究》（*Journal of Consumer Research*）上发表的文章还指出了广告改变你主意的另一个手段。

研究中，邓普西和米切尔提供给参与者两种牌子的钢笔，分别为 A 与 B，并告诉他们 A 钢笔在品质上有显而易见的优势。因此，若无其他原因，参与者应该会毫不犹豫地选择这种品质更好的 A 牌钢笔。但是，在让参与者选择前，他们中的一些人被要求先完成一个表面上与选择钢笔没有关系的任务：在一台屏幕上观看一些快速闪现的词汇图片，其中有些图片上的正性词汇会与品质较差的 B 牌钢笔的品牌名同时呈现。这个过程就是所谓的"情感调节"(affective conditioning)。

之后，研究者问参与者们会选择什么品牌的钢笔，那些没有参与情感调节过程的人大多数都选择了品牌 A，而那些参与了情感调节过程的参与者中则有 70％～80％选择了品牌 B，即便他们已经知道品牌 A 的钢笔品质更好，但他们还是屈服于了广告。

不可思议吧？其实广告商们早就开始使用这种神奇的力量，悄无声息地改变着你的"理性"大脑，偷偷影响着你的购物选择。

富有吸引力、令人高兴的言语刺激或非言语刺激(无条件刺激)可引起愉快的情感反射(无条件反射)，最终导致无条件刺激与特定广告商标产品之间的联系。反复给消费者暴露这些广告，最终会使消费者对产品产生愉快的感受，即所谓的条件反射或者"移情"。"移情"会使你对一个对象所产生的情感体验波及另一个对象上，于是你对后者也有了类似的情感体验("爱屋及乌"就是一例)。要造成情感的迁移需要一个中介，以便激发人们已有的情感体验。仔细回想一下脑海中五花八门的广告，是不是总能从这些广告中找到无数的帅哥靓女，蓝天白云，以及欢笑和团聚？他们无一不是情感迁移的中介，当然，也包括梅勒妮和安德鲁研究中的那些正性词汇。

还记得立邦漆的一个著名广告吗？画面选了一群天真、可爱的幼儿,一群面对观众的孩子的光屁股被涂得花花绿绿。

把这些可爱的宝贝们作为情感迁移的中介无疑是很高明的,因为在公众眼里,孩童的一切都是美好的。立邦漆广告把油漆涂到了每个幼儿的屁股上,一下子就让原本没有情绪色彩的商品显得光彩夺目,既奇特又可爱,更有很强的记忆点。这样,立邦漆品牌与广告画面上"处处放光彩"引发的积极、美好的情感体验就联系在了一起。而消费者,说不定也就无意识地改变了自己的消费决定……

每一个广告,都没有白做,即使是你觉得毫无创意的广告,也有它存在的理由!

决定掏钱前，你的大脑在干嘛

By 赵紫凌

> 经验说：一分价一分货，我是理性消费者。

> 实验说：面对精致的包装和吐血的价格，你还是会被诱惑的。

买还是不买？这是大脑腹侧纹状体和杏仁核之间的斗争，更是你的理智与精美包装和吐血价格之间的较量。怎么办？三思而后买，拉大你与商品的心理距离，便能看到问题的本质。

每个人都会经常面对决策。你有多大概率在决策中被诱惑呢？

古典经济学坚信，人在交易当中是理性的。然而，经济危机却始终得不到合理的解释。当经济学家和心理学家们把目光投向人们的行为和神经之后，才明白为何你看着琳琅满目的商品时，往往会魂不守舍了。

决定掏钱之前，你的脑袋在干嘛？

站在玻璃展柜前，你一边看着美丽的钻石项链，一边琢磨着它的价格。此刻，激烈的思想斗争就在你大脑中的腹侧纹状体和杏仁核之间展开了。

腹侧纹状体专门为你考虑收益。它告诉你："睁大眼睛看看吧，那钻石项链是多么美丽、奢华、高雅！一旦拥有它，你将得到无上的满足！买下它！戴上它吧！"

杏仁核则专门为你计算成本。它提醒你："那钻石项链好贵啊，要花掉你好多个月的工资哦！一旦买下它，你就要节衣缩食好长时间呢！别买了，千万不要打开钱包啊！"

然后，它们俩相互对立的信号就像"吹着喇叭的喇嘛和提溜着塔巴的哑巴"一样，在你的神经网络里一路争吵，最终来到你大脑中央的一个叫做前额叶皮层的地方。那里就像是个仲裁中心，两边的信号都会得到考虑。收益减掉成本，剩下来的就是大脑作出最终决定的依据。

在功能磁共振成像系统的观测下，你会发现你的前额叶皮层就像个指示灯！哪一个方案更合你意，考虑它时，相关的区域就越亮。

精致包装：火爆销售的法宝

当面临很多的选择时，你一定会更关注收益。

牛津大学神经科学家在 2009 年 8 月发表于《神经科学杂志》上的论文当中有一个耐人寻味的实验。参与者们被要求参加一个游戏：用鼠标点击显示屏上的方块使之消失，完成任务就能拿到一定数额的英镑作为奖励。

游戏里，任务难度有 4 个等级，奖励额度有 3 个等级，但是相互之间可以随机组合。游戏机按照已有的步骤，自动生成若干个"任务—奖赏"组合，供测试者们在其中随意选择。

结果很有趣：当某个选项的奖励是最高级时，哪怕它的任务是许多人在规定时间内根本完成不了的，这个选项依然让测试者们趋之若鹜（95.5%）。但是如果所有选项的"性价比"都差不多，并且最高奖励不出现的时候，那大家就萝卜白菜各有所爱了。

日常生活中，你总是想着"只买最好的，不买最贵的"。实际上，在众多选择当中，质量最好的那一种，即使价高得有点儿离谱也不愁卖。仔细算起来，其实它的性价比并不是最大的，只不过它的包装看上去极为精细考究，商家还将它放在奢侈品货架上。你只要面对它，就难以压抑强烈的购买欲望。至于价格么，此刻早就丢到九霄云外去了。

这是因为，不管是对于收益的预期，还是对于成本的预期，都产生于直觉。你不可能知道所有商品的成本和价格走势。所以说精妙的包装、优雅的外表、奢华的质感等视觉元素都很容易让人产生"价值幻觉"。在如此紧要的关头，就看你的杏仁核能否战胜腹侧纹状体了。一旦后者取胜，那你肯定会乖乖地让商家数钱。

打折促销为何屡屡奏效？

那么，成本就只能是交易里的配角吗？不，并非如此。在上面提到的"消除方块得英镑"游戏里，还有一个重要的发现——反应时间的作用。从志愿者接到游戏机给出的任务提示开始，直到他们点击开始游戏的按钮，这之间的时间就叫反应时间。

为了模拟消费者在面对促销陷阱时的行为，心理学家们专门安排了一次特别的测试。这回，测试对象们都不能随便选择任务难度和奖励额度。

简单来说吧。既然你没有选择，那么反应时间只能体现一点：你的兴趣到底有多大。当任务繁重时，报酬的变化基本不影响测试者们的反应时间。当任务清闲时，待遇的差别就会带来反应时间的极大差异！如果报酬高，测试者就会火速开始游戏；如果报酬低，那么测试者的反应就会明显慢下来。

游戏里的任务，就相当于购物时的价格，都是决策中的成本因素。

那么，这个发现意味着什么呢？显然，在生活中的交易里，你若能越快地作出决定，就越没时间改主意，这单生意做成的概率就越大。

所以，只要商家在促销展台上写下的价格足够低廉，那么，即使你并不太需要，也会头脑一热，迅速地将钱包里的钞票塞到收银员的柜台上。

尽管在回家后清点物品和账单的时候一定会后悔，但只要在货架前的那一瞬间，没有把持住交易的欲望，你就输了。

花钱怎么买快乐？

By 没围脖的兔子

经验说：如果有一天能想买什么就买什么，那该多开心啊！

实验说：与花钱买下的东西相比，花钱买东西的经历更让人快乐。

郁闷钱袋不够鼓？买不起想要的东西？快乐不在于财富的多少，而在于有限的财力如何支配。东西总是没有最好只有更好，不如花钱买经历吧！时间越久越珍贵，哪怕是失败的事情，在回忆中都会成为难得的人生财富呢！

"钱不是万能的，因为它买不到快乐和幸福。"这一名言警句提醒我们不要把对幸福快乐的追求全都寄托在金钱上，但研究证明，钱和咱们的幸福生活还是能深深地扯上关系的。但这个幸福的关键不在于你兜里的钱到底有多少，而在于和周围人相比你的钱是多是少，以及你用这些钱买了些什么。

来自英国华威大学的心理学家克里斯朵夫·博伊斯（Christopher Boyce)、戈登·布朗(Gordon Brown)及来自卡迪夫大学的心理学家西蒙·莫尔(Simon Moore)想知道：为什么生活在富裕国家的人们生活满意度并不比生活在发展中国家的人更高？为此，他们在英国进行了一项近 9 万人的大调查，收集人们的收入、年龄、性别和教育水平等资料。随后的统计结果指出，人们对自己生活的满意程度并不取决于他挣到的钱的绝对值，而是和朋友同事这些身边的人相比，他们挣的是多还是少。也就是说，即使某人年薪百万，可如果身边的朋友随便哪个进账都比他翻上几倍，那他也是不大可能开心的。

但是，正所谓 80％的钱总是掌握在 20％的人手中，要想在有钱朋友圈年收入比赛中名列前茅是很难的。那怎么办？如果钱的数量不能让我们满足，我们还可以怎样用钱来让自己开心呢？

购物！没错，但你只答对了一半。实际上，"比起物质上的拥有，追寻快乐的过程更能使人产生强烈、持久的愉悦感"，两位来自康奈尔大学的心理学家特拉维斯·卡特(Travis Carter)和汤姆·季洛维奇(Tom Gilovich)如是说。换句话讲，与花钱买到的具体东西相比，花钱的经历其实更让你开心。

这两位心理学家进行了很多实验来回答"怎样花钱才能让人更快乐"这一问题。在其中一项实验中，他们要求参与者回忆自己买过的东西，或买东西的经历，然后写下自己的情绪状态。结果表明，在回忆以前买的东西时，人们总有点不太满意；而对于买东西的经历,人们的回忆就快乐得多。

在另一项实验中,研究人员请一组志愿者吃薯条,同时暗示他们其他人吃的是巧克力;另一组参与者每人得到了一个小礼物,同时得知别人将获得更精美的礼品。结果发现,同样是在实验中得到了某样东西,而没有得到另外一样东西,可两组参与者的愉快程度却是不一样的,吃薯条的人感觉更开心些。

这是为什么呢? 一个原因是,当我们得到某样东西时,很容易将它与其他类似的东西进行比较。就像一个人得到了礼物,本应该高兴,可一旦他知道还有其他更好的,心里就不乐意了。

买东西也是一样,比方说你要买一个日记本,来到文具店发现架子上堆满了各种各样的本子,你简直挑花了眼。虽然你最终买下一本带回家,可之后很可能不断后悔,当时要是买的是另一本就好了。

相比之下,不同的经历可就没这么好比较了。毕竟吃薯条和吃巧克力的感受完全不一样。就像周末的晚上是和家人一起泡温泉,还是和朋友一起玩杀人,也完全是两种不同的休闲体验。

另一个原因在于,买回来的东西随着时间流逝会破损变旧、不再那么拉风。想想 2009 年买的 iPhone3 吧,2010 年 iPhone4 一出你是不是就喜新厌旧了?

而经历则恰恰相反,历久弥珍。你读过的书,旅行时认识的朋友,保留下来的记忆都会成为内心世界的一部分。即便是不开心的经历,你也能讲出来让大家开心一下——从这个意义上来说,那些悲剧故事也找到了自己的价值。

挣钱是个技术活,花钱更是。怎样购物更让自己开心呢?想想你买到的东西会带给你怎样的体验吧——日记本也许有更好的样式,但唯有这一本的内容完全由你来填充,买点儿快乐放进去吧!

花钱给自己，不如送点礼

By 琦迹517

> 经验说：吝啬者是铁公鸡，对自己都这么抠门，更甭指望他给别人花钱。

> 实验说：虽然对自己不舍得花钱，但是在给别人花钱方面，吝啬者也许没那么吝啬。

吝啬者是铁公鸡，对自己都这么抠门，更甭指望他们给别人花钱。其实在买礼物方面，吝啬者一点儿也不比挥霍者更吝啬，因为他们把买礼物看作是一种投资。吝啬的人只不过是有钱用在刀刃上。

一个艰难的选择

亲爱的读者，当您看到这篇文章的时候，我们刚刚作出了一个非常艰难的决定，在圣诞节之前，我们将派出本公司最吝啬的铁公鸡与最挥金如土的挥霍者分别向您送出一份礼物。现在，请允许我诚恳地问您一个问题：您认为哪一位送您的礼物会更贵重些?

如果不出意外,你会选择挥霍者。显而易见挥霍者的礼物会贵重些,难道还指望铁公鸡拔毛?

然而,直觉总是欺骗着我们这些天真的少年,科学却刚好站在了"显而易见"的对立面:美国密歇根大学的市场营销学教授斯科特·里克(Scott Rick)还了吝啬者的清白——研究证明,挥霍者与吝啬者在送礼上的支出往往是相差无几的。

这也许和金刚钻与铅笔芯是同一种元素构成的一样让人难以置信,但科学还是努力给你一个合理的解释。

"心痛"的研究

里克还是卡耐基梅隆大学的研究生时,就和同事开发了一种"挥霍—吝啬者"的量表,用以衡量消费使人产生的"心痛感",并且可以通过功能磁共振成像(fMRI)技术去观察挥霍者与吝啬者大脑对心痛感的不同预期模式。

得益于这些技术与设备的支持,研究者了解到,挥霍者与吝啬者最大的不同就在于放大花钱带来的痛苦的能力上——让挥霍者和吝啬者想象花 50 块钱买一杯水的痛苦,也许挥霍者只是觉得要能加片柠檬就更好了,而吝啬者一定会痛苦地大呼:我买的不是水,是心痛的感觉!而挥霍者与吝啬者最没有区别的地方,就是表现在减少花钱带来痛苦的能力上——在这一点上他们都很拙劣。斯科特指出,把钱花在别人身上时能减少花钱的痛苦(也许是因为他们把给别人花钱看作是一种投资），但由于挥霍者在理财方面的"低能"，他们购买礼物时的心痛并没有减轻多少（可能是因为他们意识不到送礼是投资），而是和吝啬者平时作出消费的决定时一样痛苦。但是，对吝啬者来说，买礼物的必要性往往能战胜这种痛苦，让他们最终作出购买礼物的决定。

最终，过完圣诞节前的购物季，挥霍者与吝啬者往往在礼物上花费了差不多的金钱，也忍受了几乎相同的花钱时的痛苦，而这在我们是无法想象的。

里克还指出，当购买的东西是可以选择的时候，花钱的痛苦最能影响花钱的数额。另外，别人的眼光也会影响吝啬者和挥霍者的消费行为，比如，假如聚餐与看电影被认为是一种可以维护亲密关系的投资，那么，吝啬者也会愿意花费更多的钱在这些方面。

举一反三

里克的研究对象是美国人，也许在中国这片神奇的土地上，他的研究结果并不一定完全适用，但我们依然可以有所借鉴，尤其是在圣诞节近在咫尺的时候。为此，本人根据斯科特·里克的研究报告，再结合自己多年没收到过圣诞礼物的丰富经验，在这里隆重推出"果壳圣诞收礼指南"，希望大家有所收获——

果壳收礼指南

1．寄圣诞贺卡的时候，千万别忽视了那些平时抠门的朋友，因为研究证明，在圣诞节，他们会和挥霍者一样大出血！用一张贺卡换一份礼物，还不值吗？

2．告诉要送你礼物的朋友、家人你想要什么。让他们选择会让他们很痛苦的，还是早点给他们"判刑"吧！（尤其是女朋友要明确告诉男朋友自己想要什么，决不允许回答：随便、都行、你说了算……）

3．不断向你的朋友强调，送礼是维持朋友亲密关系必不可少的环节，不断向他人灌输你是一个礼尚往来的好朋友的形象，努力让别人产生看到你就有给你送礼的冲动。

不买对的，只买忠诚的

By　赵紫凌

> 经验说：性价比越高的商品，必然越受欢迎。

> 实验说：不管一件商品的性价比多么诱人，只要它存在极小概率的伤害风险，那人们就一定会对它敬而远之。

世界上最可恶的不是敌人而是叛徒！对人如此，对商品也一样。A 商品的一贯表现比较好，B 商品多数时候特别好，偶尔却会掉链子，尽管理性计算，选 B 更划算，但是实际上我们宁可选择 A。在忠诚和靠谱面前，能力只是个参考。

对懒惰、嫉妒、贪婪、愤怒、纵欲、傲慢、贪吃的鄙视，几乎是人类与生俱来的。但还有一种行为比这"七宗罪"更让人痛恨，那就是背叛。

不过请你试想一下，假如背叛（哪怕仅仅是有可能背叛）你的并非一个人，而是一件物品，那么你会不会永远将它打入十八层地狱永世不得翻身呢？答案是：会的！

来自得克萨斯大学奥斯汀分校的安德鲁·葛霍夫（Andrew D. Gershoff）最新做了一个研究：他让 40 名志愿者选购 A、B 两种类型的汽车安全气囊。这两种气囊价格相差无几。当遇到车祸时，A 型气囊紧急打开的概率(70％)不如 B 型气囊(90％)那么高，不过 B 型气囊有个小小的问题，就是平时它存在 1／50 000 的"突爆"风险。这种突然的膨胀和撞击能够引发颈部受伤(但还不至于致死)。

你会怎样选择呢？

乍看上去，两种气囊各有千秋，但我们仍然要发扬死理性派的科学精神，仔细计算一下。假设出车祸的概率为 p，那么 A 型气囊带来安全的可能性是 $a=1-p+0.7p=1-0.3p$；B 型气囊的安全概率是 $b=1-p+0.9p-0.00002=0.99998-0.1p$。列个最简单的方程就可以计算出来，当车祸概率 $p=0.0001$，也就是万分之一时，两种气囊的安全性一致；事故概率 p 越大，B 型气囊的安全优势就越大。

那么，美国公路的车祸发生率到底是多少呢？美国运输部在 2010 年 11 月公布的统计数字显示，2009 年美国按每亿辆车×英里数计算的交通事故死亡率为 1.16％，而发生车祸只受伤却不死亡的概率还要远远高于这个数字。也就是说，现实当中，B 气囊远远比 A 气囊更具安全性。但是测试者们是如何选择的呢？他们很干脆——所有人都选择了 A 型气囊，B 型气囊甚至没有人认真考虑过。

对于自己的选择,志愿者们很明确地解释道:"我买这东西是为了保护我的安全,不是让它有机会使我去医院修理自己的脖子的!"

看到了吧,这40名志愿者对于B型气囊偶发的"背叛"风险所表现出来的愤怒多么溢于言表!这种背叛不能容忍,以至于没有人会冷静下来,用数据来和自己说话。很显然,概率计算和理性判断在此真的毫无用途。比起主观享受来,数据总是不被我们信服,就好像明明飞机比汽车更安全,我们在开车送朋友到机场后仍然会对他说"一路平安",殊不知我们自己才更需要被祝福。

了解这一切,并不仅仅是让每一个知道未来在购买安全气囊的时候,需更加坚定地选择B型。更多时候,也许你就是一个卖B型气囊的老板,你恐怕得针对顾客的心理,在广告宣传上另辟蹊径。当然,我们绝不是让你隐瞒它会自爆的事实,而是换一个更加聪明的表达,帮助消费者作出更理性的选择。

电游，让生活更好还是更糟？

By　Keledoll

> 经验说：电子游戏会让孩子沉迷游戏，成绩下降，那些暴力的游戏更会教坏小孩！

> 实验说：电子游戏不全是恶魔，也有天使的一面。

　　电子游戏,它究竟是你生活中的天使还是魔鬼？都是！魔鬼的一面是:暴力游戏可能增加暴力倾向,常打游戏影响成绩。天使的一面是:打游戏让你的反应变得又快又准,游戏中助人为乐的情节会让你在现实中也变得好心肠。游戏,玩还是不玩,这是个问题。

　　在今时今日网络游戏横行的时代,电子游戏除了造就了一个空前庞大的宅男宅女群体外,也日渐成为了社会和教育界日益关注的一个热点。有些教育专家和家长坚决反对孩子玩游戏,甚至为了戒除所谓的"网络游戏成瘾"而采用极端变态的"电击疗法"。电子游戏究竟是撒旦的使徒,专门勾走孩子的心,还是也有其积极向上的一面？

2010 年心理学家的研究结果可以说引起了江湖上正邪两派针锋相对的辩论，以下就是正反双方提供的证据。

反方观点 1：暴力游戏让人变得更暴力

很多家长、老师和教育家都觉得玩这些"打打杀杀"的游戏会让人有更强的暴力倾向，甚至可能走上犯罪道路。这是真的吗？

心理学家说："是！"克雷格·安德森（Craig Anderson）和布莱德·布什曼（Brad Bushman）等人于 2010 年 3 月发表在《心理学公报》（*Psychological Bulletin*）的一个研究，充分说明了暴力游戏会让游戏参与者更加暴力。他们综合分析了 380 个关于暴力和暴力游戏的研究，结果发现：在实验室里，让参与者玩一会儿暴力游戏就足以让他们脑子里产生"打打杀杀"的念头。另外那些长期研究还告诉我们，资深暴力游戏玩家总体上比不打这类游戏的人对暴力事件表现更冷漠。因此，暴力游戏就是反复地让你锻炼自己的"攻击"力，同时在你头脑中植入"打架不是坏事"的想法。在通过暴力游戏修炼成"暴力熊"的路途上，男女之间没有什么差别，不过普遍来说，男生会更喜欢打暴力游戏。在做不同文化的对比时发现，美国暴力游戏玩家的暴力意识比日本玩家更强，而日本玩家则更关注那些暴力带来的效果。

反方观点 2：常打游戏成绩差

前几天我妈才接到老师的投诉电话，说我弟最近成绩一落千丈,每天都在打网络游戏,于是得出结论:这孩子就是因为"沉迷游戏",成绩才会那么差。这个估计也是很多家长把孩子和电脑、PS2(play station 2)隔离开来的原因吧。这是真的吗?

回答这个问题最好的办法就是找一些从没玩过电子游戏的孩子,让他们打一段时间游戏,看他们的成绩是否下降。一个发表在2011 年 4 月的《心理科学》(*Psychological Science*)上的研究就在现实场景中做了一次这样的实验。心理学家罗伯特·卫(Robert Weis)和布列塔尼·赛兰考斯基(Brittany Cerankosky)找到了一群 6~9 岁没玩过电子游戏的男孩,其中一组刚拥有 PS2,另一组则没有。通过测试第一组的孩子在拿到 PS2 前后几个月的阅读、写作和数学成绩的变化,发现与不打游戏的孩子相比,他们在阅读和写作上都退步了,但数学成绩却没什么变化。研究者认为,这可能是由于玩游戏的时间占去了原来阅读和写作的时间导致的。

正方观点 1: 打游戏,让你变得又准又快

不要以为电子游戏百害而无一利,打游戏,尤其是动作类游戏可以让人反应更灵活。

2009 年年底,《心理科学近期趋势》(*Current Directions in Psychological Science*)登载的研究中,戴(Dye)、格林(Green)和巴维利尔(Bavelier)找了两组学生——过去一年每周打游戏超过 5 小时的游戏玩家和从不打游戏的非游戏玩家,然后分别给他们进行一系列的视觉加工测验,这些测试要求被试在看到某个东西的

时候进行快速反应,同时保证正确率。这个研究让我们看到了游戏玩家是很"强大"的,他们在这些测试中的表现都比非游戏玩家好,不仅更快,而且准确率也很高。这个研究启发人们,玩游戏也可以是一种很好的反应能力和准确性的训练,可以用于训练那些有认知障碍或认知迟缓的团体,比如说老年人。

正方观点 2： 爱打电玩好心肠

既然暴力游戏可以导人向"恶",那有没有游戏可能会导人向善呢？2010 年 2 月发表在《人格与社会心理学》(*Journal of Personality and Social Psychology*)中的一篇文章就让我们看到了玩家的"好心肠"。研究者让一组参加者玩一款叫做《都市危机》(*City Crisis*)的游戏,在这个游戏中,你需要驾驶直升机去犯罪现场救人,然后追踪罪犯,另一组参加者则玩传统的俄罗斯方块游戏。在实验开始的时候,一名女主试会在参加者旁边观察他/她打游戏。这时,突然一个男人冲进来,嚷着说自己是女主试的前男友,接着就开始骚扰这名女士,如果参加者没有做出任何帮助的行动(比如对这个男的说些什么或者去找其他主试帮忙),那么这位男士就会在 2 分钟之后离开。而研究者所感兴趣的就是,参加者会不会帮忙。结果是显而易见的。在玩《都市危机》的参加者中,有 50％的人都尝试帮助这位女士,但在俄罗斯方块组只有 25％的人出手相助。这个研究让我们知道,在短期内玩这种传递积极信息的游戏,会让人们在当下更可能作出助人行为,但长期来说会对玩家产生何种影响还并不了解。不过这点可以提示游戏的设计者,他们不一定要成为暴力的帮凶,设计一些积极的游戏或在游戏中加入正面的信息,说不定可以培养出更有爱心的玩家呢。

　　不管怎么说,看了这些正反相方的争论之后,你可能对游戏的情感更复杂了。不过起码我们知道了游戏并不是完全是"魔鬼代言人",合理利用,还是可以看到它的"天使光环"。

50%＝70%＝全都

By Nico

> 经验说：男人没一个好东西！东北人都是活雷锋！

> 实验说：70%的事物满足一个属性时，你就会给它贴上一个标签，进而在你的头脑中90%的情况下这个标签都成立。

上一个男人不是好东西，这一个男人也不是好东西，所以男人没一个好东西！这种思维方式虽然可笑，但其实每个人都逃脱不了。大脑为了反应快捷，只能牺牲精确和理性。当一部分事物满足某个说法，我们就自动把这个说法推广到整个群体当中。刻板印象就这样产生了。

复古长裙、素色帆布鞋、暧昧灯光摇曳下的一杯卡布奇诺、ipodnano 里邵小毛的歌正似有似无地哼唱……莱卡 M8 的闪光雕刻了这个瞬间。小清新！就知道你会这么说。

如果你认识的 50%的"小清新"都穿帆布鞋，你的大脑便会果断开出"小清新穿帆布鞋"的标签。下回只要看到穿帆布鞋的，你就会给她扣上"小清新"的帽子。你的大脑就是这样偷懒。

为了把大千世界浓缩成抽象的语言,我们常常使用标签,因为普适的标签可以迅速地将事物归类。然而,尽管有些标签在归类时证据并不充足,可一旦标签被默认,这个标签的属性却极容易被推广到标签下的所有个体。安德烈·辛朋(Andrei Cimpian)、阿曼达·布兰顿(Amanda Brandone)和苏姗·格尔曼(Susan Gelman)在2010发表在《认知科学》(*Cognitive Sciences*)上的研究向我们揭示了关于贴标签的真相。

实验开始了,参与者被随机分到了"接受标签组"和"标签推广组"。两组参与者都要对生活在一个假想荒岛上的各种新奇动物种类进行推理判断。

"接受标签组"事先被告知各种动物的属性以及有多大比例的此类动物具有此属性,然后再作出判断是否接受一系列介绍这些动物的标签判断句。相反,在"标签推广组",参与者们首先是被告知一个标签判断句,然后推测这类动物中具有这种属性的比例。

也就是说,在"接受标签组"里,你先被告知"70%的美羊羊都是头上扎了粉红蝴蝶结的美丽小羊",然后你是不是同意"美羊羊都是头上扎了粉红蝴蝶结的美丽小羊"呢? 大部分参与者都同意了。而在"标签推广组",实验者会先告诉参与者"美羊羊都是头上扎了粉红蝴蝶结的美丽的小羊",接着让他们推测"多少美羊羊的头上扎了粉红蝴蝶结?"参与者平均估计90%的美羊羊都扎了粉红蝴蝶结。

这就表明,只要70％的动物具有××属性,人们便认同"某动物是××的"这种标签判断,而当人们被告知"某动物是××的"时,他们会认为90％的动物都具有此种属性!

当判断对象更特殊或者更危险时,辛朋等人发现,人们对标签属性的判断比例甚至从70％降到了50％。比如,当实验者告诉参与者"有50％的灰太狼是会吃人的"(危险属性)或者"50％的懒羊羊头上都有一团大便形的头发"(独特属性)时,参与者便会作出"灰太郎都吃人"以及"懒羊羊头上都有一团大便形头发"的判断。

所以说,人们要作出一个归类判断时门槛是很低的,而这种标签一旦形成,人们会很容易把这个属性推广到整个群体。

不过,这样的偏激在一定程度上是由于人们使用绝对化的语言。当研究者不说"都是"而用"大多数"时,这个门槛落差就消失了!

之所以会发生这种情况,是因为大脑爱偷懒,它总在寻找捷径去认知周围的世界,而贴标签可以简单快速地把抽象概念与具体行为联系起来,于是大脑总是在贴标签,结果便催化了我们以种种的偏概全。

对效率和娱乐的日益崇拜滋生了各种标签的流行:"剩女"都是高学历、高收入、高智商的;"宅男"统统是头发凌乱、喜欢电玩、不屑交际的;"80后"集体叛逆、垮掉、没有责任心……实际上,不仅仅作为个体的我们会犯懒,很多时候,整个社会文化也会用标签来概括,伴随而来的往往是文化的隔阂、敌意,抑或是盲目的美化、崇拜。如果黑人有 28％的犯罪率就会让我们习惯性地用怀疑和审判的目光去打量所有的黑人,那又有多少同样无辜的个体在背负着各种标签带来的偏见或歧视呢?

　　没有考据的标签就是一方矮矮的坟墓,我们在外头,真理在里头。所以,当下一次你听到一个标签判断句时,先让自己的大脑停顿 5 秒,理智地想想,到底这个类别当中有多少个体真正具有这样的属性吧!

你的答案我做主：锚定效应

By 0.618

经验说：反正我也不知道答案，干脆就随便猜一个吧。

实验说："随便"的答案其实是随着心理预期变化的，这就叫锚定效应。

你以为自己只是随便说了一个答案？这个"随便"可不简单，也许已经受到了其他人的干扰。小心，别上当。

猜猜看，果壳网每天的浏览量是在 200 万以上，还是在 200 万以下？

你心里的数字是多少？我不知道，但我知道的是，一定比 5 万这个数要大多了。可是前两天我让一个朋友猜，他就给了我这个数。不过也怪我，因为当时我是这样问他的：你猜果壳网的浏览量比你的博客高还是低？

他很有自知之明地回答：

——唔…怎么也得有 5 万吧！毕竟才上线一周。

为什么不同的提问方式得到的答案却如此悬殊呢？因为我们对不了解的事物缺乏一个合理的心理预期，这个时候出现的提示，就好像一个锚，把答案的范围死死地限制在了其附近。

甚至一些无关的数字都可能影响我们的判断。你认为身份证号码跟巧克力价格会有关系吗？像变魔术一样，美国麻省理工学院管理学院教授丹·艾瑞里（Dan Ariely）让这两个数字之间产生了联系。他先要求学生们在纸上写下自己社保卡号最后两位数字，然后让他们估计一些商品的价格，如巧克力、红酒之类的。你一定猜到了，身份证后两位数字大的学生，给出的估计价格更高。但是，你也许没想到，这个数字竟然可以高 60％到 120％！

希望是失望的催化剂，希望越大失望越大，这跟锚定效应有关。为了避免被残酷的现实打击，降低一下锚定值是个不错的办法。很久很久以前，有这样一封家书，女儿向父母坦白自己在大学里做的种种令人发指的事情，估计父母已经快气晕了，女儿又笔锋一转说，这些事情都是假的，真实情况是自己挂科了。本来挂科在父母眼中已经够令人愤怒的了，不过经她这么一说，挂科仿佛已经是件微不足道的小事了。

锚定效应在拉赞助时非常司空见惯：

——老板，这个项目需要 20 万。

——不行，顶多给你 2 万。

停！重来。

——老板，这个项目需要 200 万。

——不行，顶多给你 20 万。

耶！真管用！再来一次！

——老板，这个项目需要 2 个亿。

——你怎么不去抢银行？

把握问题核心，还得高瞻远瞩

By Synge

> 经验说：人无远虑，必有近忧。

> 实验说：对于心理距离比较远的事物，人们更能考虑到它的核心问题；对于心理距离比较近的事物，人们的态度更容易被干扰。

明天买手机和明年买手机考虑的因素有什么不同？人无远虑，必有近忧。对于心理距离比较远的事物，人们更能考虑到它的核心问题；对于心理距离比较近的事物，人们的态度更容易被干扰。

你准备明天去买一部手机时，会主要考虑手机的哪些特性？准备明年买一部手机时呢？

认知心理学的研究发现，当思考的事件的心理距离不同时，思维方式也会发生变化。在心理空间中距离的差异会影响思考的方式。这个心理距离既包括空间上的远近，也包括时间上的过去、现在和未来。心理距离的远近会影响思维的建构水平，从而影响思考方式。按照纽约大学的雅各布・特洛普（Yaacov Trope）和特拉维夫大学的尼拉・利伯曼（Nira Liberman）共同提出的建构水平理论（Construal-Level Theory），心理距离远的事件会被表征得更抽象、更一般，而心理距离近的事件则会被表征得更具体、更明确。

评价一件物品时，如果心理距离远，这个物体的概念就更抽象，因此思维关注的是物体首要的核心属性；而如果心理距离近，对这个物体的概念就更具体，因此思维关注的是一些次要的细节属性。比如在计划购买手机时，如果打算一年后购买，思考时更容易考虑的是手机的核心属性，比如手机质量、通话效果等。而如果打算立即购买，则会更关注一些可能无关紧要的细节，比如铃声、颜色等。

心理距离会影响思维的很多方面。比如在 2010 年莱格伍德（A. Ledgerwood）等人在《个性与社会心理学期刊》（*Journal of Personality and Social Psychology*）上发表的一项研究中，研究者表明了心理距离会影响人们的态度改变。可以设想一下你对器官捐献持何种态度。如果从抽象的角度思考器官捐献，通常会觉得这是件好事，很多名人也做过器官捐赠。如果从具体的角度考虑，就会牵扯到死亡，以及如何进行捐献这样的细节问题。可以想象，如果思考具体细节，人们的态度很容易因为关注细节的不同而改变。比如，如果想到了自己的死亡，可能就不会同意捐献，但如果想到了可以帮助他人解除痛苦，就很可能支持器官捐献。相反，如果只是抽象地思考一个问题，人的态度通常就不会受到具体情境的影响而改变。

在此研究的一个实验中，研究者让参与者判断是否支持一个器官捐献法案，这个法案可能是几天后生效，也可能是一年后生效。在作判断之前，参与者还会被告知同伴对这个问题的看法。结果发现，当考虑一年后生效的法律时，参与者是否支持法案不受同伴的影响；而如果是考虑几天后就生效的法案，参与者的态度就会明显受到同伴态度的影响。

总之，"距离"会产生更抽象的思维方式，使得人们对心理距离越近的事件的态度越灵活，而对心理距离越远的事件的态度越稳定。但这两种思维模式并没有好坏之分。在一定程度上，避开细节的纷扰可能会帮助我们作出明智的选择，但这样做的风险是人们可能会固执于自己的偏见，从而变得呆板。了解这两种思维方式的利和弊，才能帮助我们更好地作出决策。

抢盐！ 以防万一

By Zplzpl

> 经验说：万一呢？ 万一呢？ 万一呢？

> 实验说：小概率事件一般是不会发生的。

宁可信其有，不可信其无，所以我们明明知道"食盐防辐射"不靠谱，依然会去买盐。明明知道中彩票概率很低，保险很难用得上，但我们仍会去买？为什么呢？因为小概率事件在我们心中的概率要比客观数字高得多。

日本于 2011 年 3 月 11 日发生地震以来，果壳网就进入了应急状态，时刻准备应对漫"网"飞舞的各种谣言，打好这场谣言攻坚战。这不，说谣言谣言到，轰轰烈烈地，货架上的盐被一抢而空。

面对这无"盐"的结局，果壳网的编辑们面面相觑，无"盐"以对——敢情我们科普都白做了？

但实际上，并不是果壳网的科普文写得不够给力，而是科学的理性思维和危机状态下人们的直觉思维实在不属同一个频段。

被放大的小概率

世界上没有什么事情是绝对安全的，但人们的生活却要继续。只有相信"吃饭噎死"、"喝水呛死"、"梦中猝死"、"出门被车撞死"这样的小概率事件不会发生，我们才能安安心心地吃饭喝水睡觉出门。

通常我们可以理智地认为"小概率事件"不会发生，然而在某些情境下，人们却愿意高估"小概率事件"发生的可能性。

让我们先来做一个小测验吧！

问题 1：在选项 A 和选项 B 中进行选择：

A. 千分之一的概率赢得 5000 元

B. 肯定会获得 5 元

问题 2：在选项 C 和选项 D 中进行选择：

C. 千分之一的概率损失 5000 元

D. 肯定会损失 5 元

这两个问题取自卡尼曼和特维尔斯基(1979)的研究。如果你跟大多数人一样，就会发现你在这两个情境中具有不同的风险偏好程度。在收益情境中(问题 1)，大多数人愿意承担风险，选择"千分之一的概率赢得 5000 元"(就像买彩票)；而在损失情境中

（问题 2），人们却倾向于风险规避，选择"肯定会损失 5 元"（类似于买保险）。

卡尼曼和特维尔斯基认为，之所以会出现这种情况，是因为人们心中的主观概率和客观概率并不完全一致，常倾向于高估小概率事件在自己身上发生的可能性，这也被称为"可能性效应"（possibility effect），又译"概率效应"。

在日常生活中，人们并不会对事件发生的概率有一个明确的估计，而是将事情发生的可能性简化成了三种情况，即"不可能事件"、"可能性事件"和"确定性事件"。小概率事件尽管发生的概率极低，却仍属于可能性事件的范畴，一个概率为 5％的可能性事件与概率为 0％的不可能事件在人们心中的主观概率可绝对不止相差 5％。

更何况，在现实生活中，我们很少能得到一类事件发生的确切的数字概率，这就使得可能性效应更加明显。谣言总是以"夸大其辞、言之凿凿、不断重复、绝对不以说理的方式证明任何事情"的形式出现（这些形式被法国著名社会心理学家勒庞认为是"说服群众的不二法宝"），在人们心中埋下了一颗"可能性事件"的种子。

从科学角度出发的辟谣却只能告诉大家"一般而言"和"大多数情况下"的结论，或是"保守"地告诉大家，日本核辐射泄漏会影响到中国民众的可能性"很低"、"非常低"、"极其低"，却不知人们早在心里偷偷地将那"低概率"抬高了一点。所以，即使是为了谣言中那"万分之一"的可能性，人们也还是会提心吊胆，惴惴不安，那么,去买几包盐来安慰一下自己又怎么样呢?

但求无怨无悔

后悔理论(regret theory)则从结果的情感性效应角度解释了"可能性效应"。后悔理论认为结果差异越大,我们就能越容易设想出那种后悔的情绪。因此,在衡量选择的优劣性时,人们可能会依据对不同决策带来的假想性后果进行比较。

先来看一个简单的例子,对于下雨天是否带伞这一决策而言,最大的差异发生在下雨的时候。若我们带了伞,就会欣喜,而如果没有带伞,就会后悔。而若是没有下雨,结果之间的差异则会小一些,最差也不过是带了伞没有用上而已。因此,若是考虑到情感的因素,我们会更倾向于带伞。

同样的道理,在问题 1 中,结果的最大差异出现在小概率事件发生时,若我们选择了 A,我们就得到了 5000 元,但如果选择了B,就会非常后悔。若是小概率事件没有发生,选项 A 与选项 B 之间也只相差 5 元。为了避免后悔,人们就会更倾向于选 A。而在问题 2 中,若是小概率事件发生,选择 C 则会感觉非常后悔,会因此而损失 5000 元,所以我们会更倾向于选 D。

抢盐行为也一样。对于那些相信了食盐可以减轻辐射危害,并且高估了辐射危机发生概率的人而言,他们很容易就能设想出,万一核辐射危机真的到来时,自己若是没有买盐将会多么后悔。而若是核辐射危机没有到来,抢购食盐也并不需要花费太大的成本。所以，为了避免自己到时候可能后悔，听信了谣言的人们就会更倾向于抢购食盐。

实际上，当科学雄赳赳气昂昂向前大步迈进时，心理学并不想浇上一盆"人性弱点"的冷水。人们说，每条谣言都有听众。但事实也可以换一种说法，没有听众的"谣言"，就不能称其为谣言。

我们希望，在将来的某一天，每一条科学知识也都有它的听众。在此次大地震中，日本人表现出来的素质和教养令全世界人民刮目相看，这其中科学知识的普及功不可没。谣言止于智者，知识就是力量。

chapter 6

自由： 认识另一个自己

　　每个人体内都有两个"自我"。 一个叫"现在的我"，负责感知当下的生活，也能重新体验过去，但"现在的我"只能体验，没有记忆。 医生问病人："你这儿疼不疼？"做出回答的，是病人体内"现在的我"。

　　另一个是"记忆的我"。 "记忆的我"负责把过去发生的事情整理打分，装进记忆的数据库。 当医生问"你最近觉得怎么样？"或者"你的阿尔巴尼亚之旅如何？"做出回答的则是"记忆的我"。 "现在的我"和"记忆的我"是两个完全不同的存在，混淆"现在的我"与"记忆的我"，是造成人不快乐的主要原因。

——丹尼尔·卡尼曼

灾难面前，你是神还是兽？

By　赵紫凌

> 经验说：大难临头各自飞是人的天性。

> 实验说：面对灾难，到底是救人还是救自己，取决于灭亡时间的长短和生存期望的大小。

同样的海难，泰坦尼克号上秩序井然、文明礼让；路西塔尼亚(Lusitania)号却一团混乱、各自逃命，前者乘客素质更高吗？错！人都是一样的，只是后者情况更危急，人们更绝望。

还记得电影《泰坦尼克号》吗？一场生离死别，考验了真爱，拷问了人性。在泰坦尼克号沉没三年后，一艘名为路西塔尼亚(Lusitania)的英国商船在横跨大西洋的航行当中遭遇到了德国潜艇的袭击，同样葬身大海。如果说泰坦尼克号的最后一幕让我们见证了人性的伟大，那路西塔尼亚号则暴露了人性中全部的自私：从幸存者名单来看，泰坦尼克号获救的妇女和儿童的比例明显比路西塔尼亚号要高，而壮年男性（16～35 岁）的比例却低得多。

同样是面临死亡的威胁，为什么有的时候人们会井然有序，有的时候又乱作一团？是因为泰坦尼克的乘客素质更高吗？

不是。这两条船上的乘客，无论年龄分布、性别比例、文化程度、宗教信仰还是经济背景都非常相似。然而人是一种奇妙的组合，兼具神性和兽性，泰坦尼克号塑造了一部众神之诗，而路西塔尼亚号沉没前的集体逃生则更像是一场群兽之战。

人性善恶本不论，只由情境决定之

为何会有这么大的区别？纽约大学的布鲁诺·弗雷亚（Bruno Freya）教授通过深入研究，逐渐揭开了两件海难出现重大差异的真相。英国商船路西塔尼亚号在横跨大西洋之前，并没有多少乘客想到商船可能遭到攻击。根据当时的《国际海洋法》规定，军用舰船如果要对敌方的民用船只准备发动攻击，必须先对其发出警告信号。但德国方面没有遵守规则，在未发出任何警告的情况下，就用一颗鱼雷启动了这场不可复制的社会心理学实验。强烈的爆炸和振动、汹涌的海水灌入船体、船只高速解体、救生艇释放过程中出现故障……突如其来的灾难让所有船员和乘客都一下子乱了阵脚。我们再来看看泰坦尼克号的情况。当时泰坦尼克号在英国媒体的报道中被称为“永不沉没的海上钢铁堡垒”，人们大多对此坚信不已，因此即便后来撞到了冰山，人们也并不紧张，因为没有人相信小小的冰山可以把“永不沉没”的泰坦尼克号怎么样。一切逃生程序都有条不紊地进行着,没有发生很大的恐慌。

此外,由于始终抱有生存的希望,人们相信泰坦尼克号一定不会沉没,它只是遇到了暂时的麻烦。"让一部分人先走,等下一批救生艇划回来,我们再平安离开就是了。"所以人们愿意保持镇静,默默等待。在这种情况下,社会规则仍然有效——妇女儿童有机会优先得救;经济规则也仍然有效——头等舱的客人拥有更多、安全系数更高的逃生机会。

然而路西塔尼亚号的情况则完全不同。由于乘客们很可能已经知晓了三年前泰坦尼克号的悲惨结局,知道即便是"永不沉没的钢铁堡垒"撞上冰山后也难逃葬身大海的命运,这艘不那么"巨无霸"的商船在遭遇更加可怕的鱼雷袭击时,生存的希望又有多少呢?共同参与此项灾难条件下的社会心理学研究的贝诺·托格勒(Benno Torgler)教授指出,对于海难的恐惧"已经先入为主地占领了某些乘客的心灵"。在这个前提下,哪怕只受一点惊吓,也足够让船上发生骚乱了,遑论真实的海难。最后的调查数据显示,几乎船上每个人得到的逃生机会都只和自己的个体生存能力有关——强壮的成年男女有更多机会抢到救生艇上的一席之地,即使落水了,也有更大的机会爬上救生艇。

最后,最直接左右乘客反应的还是船体下沉的速度。因为,留给人们作决策的时间越短,人们就越容易陷入慌乱。这里涉及一个行为模式,名为"战斗/逃亡行为模式"(fight-or-flight behavior mode)。路西塔尼亚号只用18分钟就沉没了,而且救生艇的施放还出了故障。这两点足以让所有乘客在短短几十秒内陷入慌乱，肾上腺素猛增。接下来他们的身体就会自动进入"战斗/逃亡行为模式"：要么玩命战斗，要么拼命逃跑。最重要的是，无论哪一种，这个时候的人都已经顾不上普遍意义上的习惯、风俗、禁忌，自我保全才是第一要务。相反，泰坦尼克号的沉没花了 2 小时 40 分钟。在这场漫长的等待中，人们没有受到剧烈的惊吓，没有进入"战斗/逃亡行为模式"，于是社会规则仍然会战胜人类自私的本能，使获救人员的身份构成上显得更加"人性化"。

人性的无奈

这个对比研究也许给不了你任何有实用价值的建议。因为作为个体的你，既无法改变突发的情景，也无法控制群体的行为。但是，这给了我们一个全新的审视人性的角度：人急了也跳墙；悠着点，你也能得道成仙。

那么，是否一切都只能听天由命呢？答案显然是否定的。在大灾难面前，假如我们有预警、有应急预案、有妥善的逃生方法，那人们的反应就会完全不同。

见死不救也该被理解？

By 0.618

经验说：见死不救，真没人性。

实验说：在旁观者效应的作用下，人越多越有可能越会选择袖手旁观，这才是人性。

在别人有难的时候你一定能挺身而出吗？人性让很多人仍然选择围观，即使在保证绝对不会受到任何损失的情况下。怎样才能打破这种人性的弱点？

如果有人死在你面前，你会去救他吗？当然！不然也太没人性了吧！亲眼目睹一起长达 30 多分钟的命案过程的 38 位纽约市民怎么也没想到，自己在彼时彼刻竟然会如此冷血。1964 年 3 月 27 日的《纽约时报》报道了这个新闻以后，立即在美国引起了强烈反响，人们都开始指责这个世风日下人心不古的社会。可是社会心理学家达利（Darley）和拉塔奈（Latane）却怀疑，在当时的情境

225

下,袖手旁观本身就是人性。

到底是集体的道德沦丧还是一时没有采取适当的行为?从单独的新闻事件来分析当然是"公说公有理,婆说婆有理",其实只要设计一个实验,对比一下相似的一批人在不同情况下的表现,原因自然就清楚了。

达利和拉塔奈打算先看看纽约大学学生的表现。让我们跟着正在纽约大学选修心理学导论的小明一起参加这个实验吧。

一来到实验室,小明就看到好几个小房间,实验员带着小明走进其中一间,并告诉他另外有5个同学在其他房间里,他们6个轮流通过电话谈谈彼此生活中的问题。每人限时两分钟,说不完的可以等到下一轮。为了保护同学们的隐私,整个谈话过程完全封闭,实验员会在别的地方等。

"明白了?"

小明点点头。

"你最后一个发言。"说着,实验员走出房间,把门关上了。

第一个同学先发言了,他说自己不太适应纽约的生活和学习,然后不情愿地提了一句自己有哮喘,尤其是在考试和学习紧张的时候。时间到,下一个同学发言,接着第三个、第四个……都说了类似的问题,一直到小明说完。新的一轮开始,第一个同学听起来好像不大对劲:"我,我,我需要……帮,帮……助……哮,哮……喘……"说着说着就忽然停止了。电话那头一片寂静……小明觉得很奇怪,他出什么事了?要不要报告?也许其他人报告了吧,也许自己太大惊小怪了。时间到，自动转到了第二个同学。小明听到另一个同学的声音后，确定自己是多虑了，于是一切继续。

6分钟后，实验员把小明请出小房间，并告诉了他真相：第一个同学根本不存在，只是个录音罢了。

"啊？我还以为是真人呢！"

"既然你把他当做真人，为什么不向我们报告他的病情呢？"

"我也不知道，不太确定自己的判断吧……也许其他人有办法呢……"小明很自责，尽管他知道这是假的。

"其实这也不全怪你啊，你是受到了情境的影响。"

同样是纽约大学的学生，如果小明知道谈话的只有自己和患哮喘病的同学两个人，那么他百分之百会迅速报告。而在这个六人组中，小明有40％的可能不采取任何措施，即便他报告了，也会先犹豫一会儿。

很多同学都像小明一样，因为不知道其他人是什么反应。"别人好像都没动静？也许事情没那么紧急吧。""就算要做什么也轮不到自己呀。"所有人都这么想，事情就被耽搁下来了。

在另一个实验中，研究者分别让两个参与者面对面地坐着或者背对背地坐着。当有紧急情况发生时，面对面的两个人能比较快地作出反应，因为他们比较容易看到对方的表情。

一听到有什么不对，两个人都抬起头，一个眼神就明白了——原来你也发现有什么不正常了，赶快报警吧！

而背对背的两个人听到声音以后本想问问对方该怎么办，可是如果他没听见的话,我该多丢脸啊……

旁观者越多,施助就越困难,因为没有人觉得自己有责任出手——责任被分散了。这种现象叫做旁观者效应。

尽管最近有文章对 30 年前《纽约时报》的报道产生了怀疑,但这并不影响旁观者效应的可靠性,因为这几十年间有更多的实验和报道可以证明旁观者效应的存在。

对待别人的冷漠行为要用旁观者效应来宽容地解释,因为他们也是身陷情境之中的人,而作为对自己更了解的人,不该轻易被情境的力量左右。

谁说"蛋疼"没意义？

0.618

> 经验说：做没有意义的事情就是浪费时间。

> 实验说：忙碌让人愉悦，哪怕是没有意义的忙碌。

"蛋疼"者有理！做没意义的事情不是浪费时间！进化让我们避免无意义的忙碌，

充实快乐。所以找个哪怕没意义的理由让自己忙起来吧！你，会快乐的！

"蛋疼"的快乐你不知道

作为一个有志青年，你除了每天为工作忙碌，业余时间还要参与大学心理系的研究，似乎永远不会做些无聊蛋疼的事。你来到芝加哥大学奚恺元①教授的实验室，准备参与关于信任的两个调

_____

① 奚恺元，生于上海，1993 年获耶鲁大学博士学位，2000 年被评为芝加哥大学商学院终身正教授，当代最有成就的决策学研究者之一。

查问卷。

开始前,你必须存包,把所有的个人物品(手机、电脑、书)锁在外面,直到整个实验结束才能带走。问卷共有 2 份,每做完一份,你要自己上交到指定地点,拿一块巧克力作为答谢。两份问卷的间隔是 15 分钟。

做完第一份问卷,你发现有两个指定交卷地点可以选择:一个就在门外;另一个较远,来回要走十几分钟。两个地点除了路途不同以外,没有任何差别,每个地点都有黑色和白色两种口味的巧克力。

"开玩笑,我又不是冤大头,平白走那么远干嘛。"你觉得这个设置很可笑,在门口顺手拿起一块黑巧克力,心想等下次交卷再在门口拿块白的。吃完巧克力,你在楼道里漫无目的地走来走去,东张西望,终于有人叫你去做下一份问卷了。

"这 15 分钟感觉怎么样?"

"无聊死了。"你叹口气,耸耸肩。

无聊? 好吧,那就 NG! 重来! 回到 15 分钟以前——

做完第一份问卷,你发现有两个指定交卷地点可以选择:一个就在门外;另一个较远,来回要走十几分钟。两个地点除了路途不同以外,唯一的差别是门外发白巧克力,而远处的发黑巧克力。(之前有实验证明,这两种巧克力对人的吸引力是一样的)

"去拿黑巧克力吧,反正这 15 分钟也没事可做。"于是你快步走了起来,回来的时候正好听到实验员叫你参加下一份问卷。

"这 15 分钟感觉怎么样?"

"挺好!"你点点头。

为什么这次情绪变好了呢? ——因为通过自己的劳动得到了不同口味的巧克力? 还是因为这 15 分钟你没闲着? 或者是因为你找了个"去拿巧克力"的理由让自己刚才的行为合理化?

接下来,奚恺元教授又做了个对照实验。这次不给参与者任何选择:"无聊组"必须把问卷放在门口,然后空等 15 分钟;而"忙碌组"必须把问卷交到远处,来回走上十几分钟。之后再问他们的情绪,你猜哪一组会更好些?

有实验证明,64%的人都猜对了:忙碌组。问题是,为什么一开始允许自由选择的时候很多人不选择"忙碌"呢?

这是因为,人们自己不知道什么才能带给自己快乐。瞎忙活显得很愚蠢,所以需要给忙碌找个理由,希望自己的决定是出于理性,或者至少自己做的事情不是没有意义的,不是"蛋疼"而为。

"蛋疼"有理

在另一个实验上,奚恺元教授等人伪装成了珠宝鉴定专家,教参与者如何鉴定珠宝。在实验过程中,他们假装离开 15 分钟,请参与者帮他们拿一下手链。

他们告诉第一组参与者,在这 15 分钟里,可以把手链拆了,只要能串回原状就好。但没人愿意干这么蛋疼的事情,于是全都无聊地等待。第二组参与者则被告知,可以选择闲呆着,也可以选择把手链按照图样串成另一个样式(前期实验证明这两种样式对珠宝鉴定而言没有任何作用,是无用功)。"重新串个新样式?这事挺有意思。"于是第二组参与者大多不愿闲坐着了,而是撸起袖子开始干活。15分钟后,纷纷表示自己过得很愉快。

他们愉快,是因为串出了新的样式吗?不是。因为在另一个实验中,被要求必须把手链拆散再原样串好的参与者也都觉得挺高兴。可见忙碌才是心情好的真正原因。而为什么原先第一组明知道闲着无聊会让自己不高兴,却执意不肯忙碌起来,宁可无聊呢?因为他们没有合适的理由——拆散重装算个什么理由,串个新样式好歹还是件值得一做的事情。

人类向往有意义的忙碌,这种向往根植于进化之中。因为在漫长的历史中,大多数时候人都是吃了上顿没下顿的,只有那些懂得保存体力的才能生存下来,如果把能量都浪费在无关紧要的小事上面,一旦遇到危险,可能性命难保。现在,人们早已解决温饱问题,但进化留下的基因依然倾向于让我们避免无效劳动。所以,没有一个合适的理由,人是不会轻易行动的。

"蛋疼"是有意义的

希腊神话中,西西弗得罪了众神,宙斯惩罚他去把一块大石头推到山顶。然而这块石头一到山顶就会自动滚回山脚,西西弗不得不推了一次又一次,循环往复,永远没有出头之日,这让他的人生显得毫无意义。不过幸亏宙斯那时候没看果壳网,不然可能想到更变态的惩罚办法——连石头都不给他推，就让他闲待着。

希波克拉底曰：游手好闲，罪恶之源。

因此，我们应该鼓励"蛋疼"行为，也就是那些为了减少无聊而做出的无意义行为。它比起"将有限的生命投入到无限的革命事业中"显得更加实际，比起搞破坏显得对社会更有益。别看很少有人承认自己喜欢忙碌，但其实他们总是想尽办法打发时间，生怕自己闲着。而忙碌的人，就算再不情愿，也不得不承认忙碌给自己带来了一种充实的快感。

为什么高失业率很危险？为什么无业游民是隐患？不只是养家糊口的问题，更因为懒散的生活会让人们心情不好，降低幸福感。因此在 20 世纪经济大萧条时，美国政府才组织工人在人迹罕至的地方修路。为了避免旅客等待无聊，机场才特意把行李转盘设置得远一点，让旅客多走几步。这些看上去都是没做什么实质意义的事情，很"蛋疼"，但，还有什么比减少不高兴更有意义的呢？

换一种方式，让你说话更有分量

By　0.618

> 经验说：别净整那些华而不实的没用的形式主义，做事情要注重内容。

> 实验说：可别小瞧了形式。 当我们已经习惯了某种形式之后，大脑就开始偷懒了，通过形式判断内容。

同样的意思，为什么他说出来比你管用？同样的内容，为什么换一种表达方式就得到截然不同的效果？同样的简历，为什么你没有得到面试的机会？因为，对于爱偷懒的大脑来说，形式常常大于内容。

排了半天队，忽然有一个人插队插到了你前面，你能答应吗？

怎么可能！我们要维护公共秩序，大声怒斥这个家伙。

除非……除非他有什么特殊原因。

你的确需要一个原因，但却并不太在乎原因的具体内容，更需要的是这样一个形式。哈佛大学心理系教授兰格（Langer）和同事们在 1978 年就对图书馆排队打印的学生们做了这么一个实验。

一排学生在排队打印,你跑去对人家说:"我要打印 5 页文件,可以用下打印机么?"如果凭空这么说,通常有 2/5 的人都会拒绝这个要求。

但是,如果改成"我要打印 5 页文件,可以用下打印机吗?因为我赶时间。"被拒绝的可能就一下子下降到了 6%。

"赶时间"这个理由看上去挺充分,但是真的是这个原因在起作用吗?兰格安排了第三种情况。

"我要打印 5 页文件,可以用下打印机吗?因为我有点东西要打印。"对,"因为我有点东西要打印",说了跟没说一样,但这效果可大不一样。93%的人听到这个伪原因后都同意了。

在这种无关紧要的小事上,人们经常是不过脑子的,大脑还要省出来干些更加重要的工作,所以不需要办那么多道手续,只要简单对一下暗号就可以直接批准。5 页纸打印起来用不了多长时间,所以没关系,如果换成 20 页纸的话,人们似乎就不吃伪原因这一套了。

想让我答应一件事,你需要给我个原因,哪怕是伪原因;想让我相信你的观点,你就要让我觉得咱们是同类人。同样的一段话,有些人说出来你就更信服,另一些人说出来却会激发你的批判精神。密歇根州立大学心理学家约瑟夫·卡萨里奥(Joseph Lesario)就做过这样一个实验,他准备了一段同样的演讲词,找来同样一个演员录制两段不同的录像。一段配合更多手部动作和面部表情,热情洋溢。另一段则表现得成熟稳重。接着他们随机分配给参与者一段录像,请他们评价是否支持录像里的内容。他们发现在个性测试中,保守派偏向于支持看起来沉稳的录像,而激进派支持看起来热情洋溢的录像,尽管演讲者说的内容是一样的。

有时候你会发现,有些人跟你吵了半天后才明白其实你们说的根本就是两回事,或者其实两人观点是一样的,还吵了个面红耳赤,非常可笑。看看那些论坛里或者博客里的类似"脑残""傻 X"的评论吧,是不是有这么几个特点:他们可能连文章都没看完,或者根本没看,有的可能没理解或者误解了作者的意思。还有的评论抨击的是作者的态度而不是观点。他们学堂吉诃德大战风车呢?我们姑且认为这些人是发自肺腑地不同意楼主,而不是出于工作需要。那么,他们的理解能力为什么就这么"差"呢?就是因为我们常常在看内容之前就已经事先有了一个心理设定,划分出了敌友。

兰格教授在黄页上随机挑选了一些地址,给他们寄去一份简单的只有 5 道题的调查问卷。问卷只是个幌子,重点在问卷的导语,分为两种。一种只要求填写问卷,并给了个寄回的地址,而另一种则客客气气地说"您好……请……"这些礼貌用语看似假模假式,但是,问卷回收率的提高却是实实在在看得见的。

大脑为了让自己省事儿,就想出了这么一个以形式代替内容的偷懒法子。不知道的人还常常因为这个无关紧要的形式引起矛盾。了解的人却懂得利用了这一点,为自己的内容扫清障碍。

自由让你不快乐

By 0.618

经验说：我还不知道自己喜欢什么吗？

实验说：你真的常常不知道什么才能带给自己快乐。

你知道怎样才能让自己快乐吗？你不知道，只是以为自己知道而已。你一个劲地朝着让自己不快乐的方向闷头奔去，以为快乐就在前方。

自由是个好东西，为了它，人们前赴后继、你追我赶地抛弃掉生命和爱情。可我们为什么要自由？因为它让我们更快乐吗？如果你这么想，那可要三思而行了，不然不但赔光了生命和爱情，还折上了幸福和快乐，那可就追悔莫及了。

别以为你是个例外，不信你来选择一下。假如你参加了果壳网招募"科学逃兵"的活动，成功推荐了一位科学青年，这时你就有机会获得果壳网送出的大奖。奖品有两个，价值相当——iPod touch 和机器人。前者是你一直计划要买的,后者看起来更拉风。在挑选礼物之前,你希望看到怎样的规定? 是"5 天之内可随意更换",还是"一锤定音,不得更换"?

在类似的场景中,66％的人都希望可以得到更换的机会,以免自己改主意。这就是说,大多数人会选择这种看上去自由,但实际上不快乐的方式。

没错!"可改变"确实比"不可改变"更不快乐。

哈佛大学心理学教授丹·吉尔伯特(Dan Gilbert)和同事们曾经做过这样一个实验。他和摄影选修课的老师串通好,在期末给同学们留了一个作业:在学校里拍摄他们最喜欢的景物和人物,并从这些里面挑出 6 张最满意的照片上交。课堂上,又把每个人的 6 张小样发回去,再让大家从这 6 张照片中精选出 2 张最喜欢的练习冲洗技术。经过一轮轮筛选,每个学生都挑出了自己最满意的两张。6 个小时的冲洗课结束后,大家长吁一口气,终于大功告成,得到了 2 张最满意的照片。可惜的是,这时他们却被告知,只能从 2 张照片中选 1 张带走,另 1 张留下来当作业上交。这太残忍了,辛辛苦苦又是挑又是洗的,该交哪一张呢?

丹·吉尔伯特设计了一个小花招,他随机将学生分成了两组,并告诉其中一组学生:4 天之内随时都可以更换。如果改主意了,只要一个电话,上门更换,方便快捷。但第四天就要交到"上面"去了。他又告诉另一组学生,慎重选择,没有后悔药,因为当天晚上就要送到英国去了。

过了一段时间，丹·吉尔伯特派人上门探望这些学生，问问他们对照片是否还满意。

不能更换的同学都特别高兴，毫不犹豫地说：满意满意！这张就是最好的，不管挑多少轮，我都最喜欢这张。现在越看越喜欢。其他的送走就送走吧，这张留下就行。

能更换的同学长叹一口气，问道：你说我当时是不是应该换一张？如果我当时换了那一张该多好？

他们在那 4 天没干别的，净掰着花瓣琢磨：换，还是不换？换，还是不换？……换！算了吧……不换？不行……结果，4 天期限到了，他们还是没拿定主意。现在直后悔。

更大的选择空间反而让人犹豫不决，不能死心塌地地喜欢上一个东西。可是谁又能意识到这一点呢？新学期又到了，又新来了一茬无知的大学生。这回，丹·吉尔伯特在摄影课的开学之初就先调查了一下同学们的意向：期末作品是两张照片，一张带走，一张留下。有两种方案，你愿意选择哪种？

66％的同学都选择了可以反悔但并不快乐的方案。那么，如果他们知道这样的选择会让他们不快乐，他们还会这么做吗？

商场里的衣服随便挑，但最喜欢的还是刚刚买回家试穿的那一刻。没有固定对象的时候，觉得别人这也不如 A，那也不如 B，要是约会放个屁，从此关系就没戏。但如果一旦结了婚，失去了选择的自由，放屁打呼吧唧嘴就全不成问题了，"他人挺好的"。

现在，你要自由，还是快乐？

证人的沉默，无辜者的福音

By 赵紫凌

> 经验说：证人就该指认凶手，而不能说"不知道"来隐瞒实情。

> 实验说：提醒证人说"不知道"可以大大减少冤假错案。

证人就该指认凶手？这使得记忆模糊的证人不得不进行选择。如果增加一个"我不知道"选项，就可以大大减少冤假错案。所谓"知之为知之，不知为不知"，我们都不是万能的！

"你仔细看好了，是一号？不是一号？……那五号呢，是不是他？"

这个时候，如果你是目击证人，一定不愿意作出最不受欢迎的回答："对不起，我不知道。"

但是，如果有一天，睡眼蒙眬的你突然从床上被拽起来，随便套上几件衣服，带到一堵单向透明的玻璃墙后面，等待目击者的指认。此时,你是多么希望玻璃另一边的证人能为你说句公道话啊!

可是你知道什么样的指认方式最容易让无辜的你得到解救么?方法很简单,不是让证人更快地指认,而是在选项中增加一个"我不知道"。

澳大利亚弗林德大学心理学家内森·韦伯(Nathan Weber)和英国普利茅斯大学的蒂莫西·珀费克特(Timothy J. Perfect)提出:让目击证人在"是"(肯定选项)、"不是"(否定选项)、"不知道"(沉默选项)这三个选项里进行选择,将大大提高目击鉴定的准确性。

相比于目击证人只能说是或不是的二元选择,三元选择系统的缺点只有一个,那就是正确发现嫌疑犯的几率将稍微减小一点点,但它的优点却要大得多——能让错误指认(这将造成无辜者的冤案)和错误排除(这将造成嫌疑犯的逃脱)都大大缩小到了原先发生率的 50%左右。而这两个效果恰恰符合最本源的司法精神——在不冤枉无辜的前提下,尽量增加罪犯被抓住的概率。

沉默靠什么来救赎无辜

为什么有意识地提醒目击者应该在自己不确定的时候对结果保持沉默,就会有如此大的改变呢?

早期的认知心理学临床研究就发现,在目击证人指认疑犯的时候,两种情况是有差别的:作出正确指认时,目击者明显感到自己更有信心,且把握十足;但是在作出错误指认时,目击者的信心相对来说就不那么高。他们在彼时彼刻的想法往往是"好像是他，但不是他的可能性应该要更小，所以我就应该选择'是他'"。倘若他真的作出指认，那无辜者就要被冤枉了。

这个时候，假如警方强调性地提醒他："不太敢确定的时候，就说不知道"，那么错误指认的概率也会小很多。正如图6－1中第四个柱状图对比的那样，允许目击者承认自己"不知道"，嫌疑人被冤枉的可能性就可以减少一半。

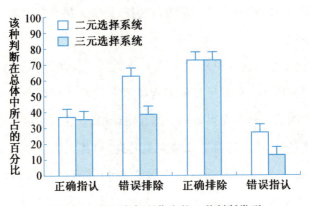

图 6－1　测试者们所作出的 4 种判断类型

惩罚有价，请慎用

By　Hcp4715

> 经验说：三天不打，上房揭瓦。

> 实验说：惩罚引起的报复可能导致两败俱伤。

囚徒困境中，双方合作就是双赢，不合作就是双输，而一方不合作则是损人利己。不如给他点儿颜色看看，让他再敢陷害兄弟！慢！小心兄弟反目，两败俱伤。与其事后惩罚，不如下回事先商量好怎么合作。总之，惩罚手段要慎用。

"以血还血，以牙还牙"是一些人的处世之道。电影《赵氏孤儿》的核心也正是"报复"二字，最终落得个两败俱伤。

惩罚引起的报复可能造成恶性循环，然而惩罚似乎又是我们社会中不可或缺的一个机制，许多法学家认为，正是因为惩罚所以才减少了大量潜在的犯罪。那么，在实验情景中，惩罚究竟是如何影响人们之间的合作与收益的呢？

著名的"囚徒困境"是经济学家们用于研究人们合作行为的经典实验范式。心理学家德雷贝(Dreber)等人在研究中采用了两种形式的囚徒困境来研究惩罚。

一种很常见:两人一组玩金钱游戏,决定是否相互合作。合作,则自己损失 10 元,对方得到 20 元;不合作,则自己损失 10 元,对方得到 10 元。因此,如果双方都选择合作,每人每次都可以拿 10 元,都不合作,则都一无所得;但若你合作而对方不合作,则对方可以拿 30 元而你要损失 20 元。

在这样的规则下,游戏的最佳策略就是"以牙还牙"——复制对方上一次的行为。对手这一次选合作,那我下次也合作;若他这次不合作,那我下次也不再合作。这种策略能够有效地避免自己成为游戏中的输家。

不过,如果大家都采用这种报复策略,最后每个人手上的钱都是负数。这可不行!于是科学家将囚徒困境普通版升级成为惩罚版,增加了惩罚选项:你不但可以选择是否合作,还可以选择给对方惩罚。合作与不合作的损失和收益与普通版相同,但如果你选择了新增的惩罚选项,那么在你损失 10 元的同时,可以惩罚对方损失 40 元(这个 1∶4 可是经过科学检验后选出来的最有效比例)。这样一来,你对于不合作的伙伴就有两种报复方式,第一,仅仅不合作,都无利可图;第二,实施惩罚,不仅让对方没钱拿,还要让他受损失。

研究者们找了一批人玩这两种游戏,发现在惩罚版游戏中,参与者们选择惩罚的比例只有 7%,并不高;但是一旦某一方率先使用惩罚,则另一方也必然使用报复性的惩罚。不过一个可喜结果是,在惩罚版中,人们比在普通版中更愿意合作,合作比例从前者的 21% 上升到 52%。

难道"大棒"真的促和谐?且慢!这只是表面现象罢了。在由惩罚带来的和谐之下,双方是否实现共同富裕了呢?完全没有!无论惩罚版还是普通版,玩家最终的总体收益并没有差别!也就是说,惩罚虽然提高了整体的合作意愿,却并未提高整体的收益水平。

为什么和谐没有转化为收益?原来,报复性惩罚会导致被惩罚者所遭受的损失,比普通版中不合作者的损失更为惨重。抵消了合作带来的收益,因此总体收益水平并没有提高。

如果惩罚可以带来合作,却不能带来共同富裕,那么惩罚对于社会的意义在哪里?事实上,只有制定规矩对吃白食的人进行惩罚,才能让公共资源不枯竭,保证最终让每个人都能获益。所以,惩罚不是目的,惩罚是为了鼓励人们多多合作。

在这个游戏中我们也可以看到,是否实施惩罚会带来两极分化的效果:惩罚者输得更惨,不惩罚者赢得更高。

为何中国人比日本人对核泄漏事件更敏感？

By Psychway

> 经验说：核泄漏灾难中心的日本人最担心自己的安全。

> 实验说：远离核泄漏的中国人更担心自己的安全。

日本核泄漏，谁最担心自己的安全？从新闻上看，日本秩序井然，而中国，甚至远在地球另一端的德国则人心惶惶，谣言满天飞。难道是素质问题？心理学家发现，可能是由于认知失调导致的"心理台风眼"。也就是说，当事人反而没有旁观者焦虑。

日本地震引发的核电站泄漏事件已经引起了周边国家的普遍恐慌，特别是在中国的网络上，到处充斥着有关核泄漏的谣言。由于一些消息实在太过离谱，但又传播极广，新浪微博都不得不出来发通知告诉大家不要轻信谣言。

北京距离福岛大约有 2100 千米，如果不熟悉地理的人看了微博上的各种谣言之后,会感觉核泄漏就好像发生在自己身边一样,传播谣言的人越多说明人们越是担心。反观身处灾难中心的日本居民,貌似没有如此大的恐慌,多数媒体报道的都是日本人仍然非常有秩序地在排队等车或领取生活必需品。

为什么身处灾难深处的日本人民如此淡定,而远隔千山万水的中国人却如此担心呢?即使核泄漏真的如切尔诺贝利事件那样严重,最先遭殃的也应该是韩国、朝鲜啊,为什么中国人那么紧张呢?

有媒体借此事件选择性地通过新闻报道批评中国人怕死、没有秩序,称赞日本人的文明表现。不可否认,日本人确实表现出了应对灾难的强大力量,他们对秩序规则的尊崇值得我们学习。不过,果壳网心事鉴定员认为,中日两国人的不同反应背后也许隐藏着一个更深的心理原因,而远非素质差异这么简单。

"心理台风眼"中的平静

2008年5月12日汶川地震发生后一个月,中国科学院心理所研究员李纾及其研究团队对灾区(四川、甘肃)和非灾区(北京、福建、湖南)的2 262名居民进行了一项调查,让他们估计地震灾区对医生的需求量、对心理学工作者的需求量、灾区发生大规模传染病的可能性,以及需要采取的避震措施的次数等。结果发现,非灾区居民的估计值要显著高于灾区居民;而对灾区居民来说,重灾区居民的估计反而比轻度受灾的居民更乐观一些。

　　更有意思的是,若假设有一种药物能治疗心理创伤,没有过敏、呕吐等副作用,受灾群众应该服用多少才合适呢?轻度受灾的居民开出了最大剂量,其次是中度受灾的居民,认为所需剂量最少的反而是重度受灾的居民。

　　由此看来,越接近高风险(地震受灾区)的人们,心里越平静;越远离高风险的人们,心里反而越担忧。这种看似矛盾的反应跟一种自然灾害的现象——台风眼很相似。在气象学中,距离台风中心直径大约 10 千米的圆面积,其风力相对微弱,通常被称为"台风眼"。也就是说台风的中心地带反而比边缘地带更安全。李纾等人就借用这个气象学名词,形象地将其研究发现冠名为"心理台风眼"效应("psychological typhoon eye" effect)。

为何出现"心理台风眼"?

　　为什么会出现这种不对称的反应呢?李纾等人采用心理学的经典理论认知失调(cognitive dissonance)来解释。所谓认知失调,就是当你做了一件事以后,就开始为自己的行为找各种理由,让自己安心。比如在平时生活中,如果我们干了活,却没有得到相应的报酬,就会告诉自己"我不是为了钱才干的,而是出于热爱"。

　　身处灾难中心的人因为短期内没有办法离开,甚至还将在那里生活很长一段时间,就造成了他们心理上的一种失调——如果整天担心灾难还会发生,那就没有理由在这个地方继续待下去了,所以为了证明自己留下来继续生活是合理的,他们就必须自己主动减少心中对灾难的担心，变得乐观一些。而远离灾区的人没有受到灾难的袭击，不存在这种认知失调，于是他们担心的是自己未来的安危。

除此之外，处于灾难中心的人们对灾难有更客观和真实的直接认识；而外围的人们则通过媒体上经过筛选的镜头了解现场，并用想象力为之添油加醋。这使得当事人可以做到平静面对，反而是仅受轻微影响的人却高度警惕，反应过激。

"心理台风眼"内外差异大

了解了"心理台风眼"理论，再来看看中日两国人在核泄漏事件发生后的反应，也就不难理解了。日本人今后还是要在本地生活，总不能都移民中国吧！所以他们必须给自己一个留守日本的理由，那就是"我在日本还是安全的"。相反，中国人不存在这种失调，他们对可能存在的危险自然非常敏感，而且网络和媒体也放大了这种担心，所以才会出现谣言满天飞的现象了。

而远在地球另一端的德国，为日本的核泄漏乱成一团，其实正是由于他们还没有遭受核辐射，却因为建有多个核电站而感到自己正在遭受核辐射的威胁。

当然，这种解释是否是唯一的解释，还需要更多实证研究的支持。日本的这次事件是一场灾难，但相信人类会像以往一样，从每一场灾难中领悟更多。

不信科学，只是不想否定自己

By 艺 茗

> 经验说：只要摆上科学研究结果，就能打败星座理论和谣言。

> 实验说：当科学研究结果与原来的信念不一致时，人为了保护自己，就会去质疑科学的研究方法。

星座理论、谣言、科学研究同时摆在面前时，为何有人毅然放弃科学？对模棱两可、蛊惑人心的扯淡深信不疑，却能从严谨的研究中挑出骨头？这是因为，科学研究否定了他们原有的观念。

星座血型塔罗牌为什么总是有人相信？

谣言、偏方、伪科学为什么总被人们坚信不疑地大肆传播？操作严密、逻辑严谨的科学研究却从来没有此待遇。即使苦口婆心地把一个干涩的研究讲得生动有趣，绞尽脑汁说透背后的玄机和道理，却常常得到一句：这个问题，是科学研究解决不了的！

在事实面前人们为何选择固执己见？

陶森大学心理学教授芒罗（Geoffrey D. Munro）做了个实验，先让所有人读一篇科普文，文中详细介绍了一个伪造的科学研究（当然，参与者以为这是真的），结论是同性恋和心理疾病之间存在必然联系。然后请这些参与者再参加一个看似毫不相关的调查："关于是否要保留死刑，你认为还需要采纳哪些信息?"在调查的备选答案里隐藏着一个玄机：选项中的其中一个信息就是"科学研究"。大家会不会采纳"科学研究"提供的信息呢？

这就得看科学研究给自己留下的印象怎么样了。本来，每个人对同性恋已经有一个或正面或负面的观念，由于观念不同，关于同性恋的阅读理解就会创造出不同的心理环境：研究结果与自己原有的观念一致，或者相反。在这个心理背景下，再进行调查，委婉地问一问，还会用得着科学方法吗？

结果，芒罗从阅读环节中发现，在研究结果与自身观念一致的人群中，选择"科学研究"的人占 54.3%，而在不一致的人群中，选"科学研究"的人只有24.4%。也就是说，这个研究结果若是和我想的一样，那科学就是好的，我以后还用；若是跟我想的不一样，那科学你就一边儿玩去，别再来"忽悠"我。敢问各路大侠，这霸气十足的样子，是否就是传说中的"顺我者昌，逆我者亡"？

其实，这种霸气的本意并不是质疑科学研究方法，它只是一种很自然的自我保护反应。当一个人发现新的信息与原有的价值观不符时，往往会倾向于先否定新信息，以维护自己原有的正确、良好的形象。就好像是一个陌生人举着"你是傻瓜"的牌子闯进门来,谁会请他进门并奉上好茶?还不都是赶紧先逐出门去,再暗骂一句"神经病"。如果一个人的立场已经被他宣扬得世人皆知,或者是某位高人专家所授,当新信息的威胁警报响起时,他更会死不承认,拒不悔改。本来嘛,在那么多人面前承认错误,压力可不是一般的大。

芒罗也发现,实验过后,不管科学研究的结果与自己的观点一致还是不一致,几乎所有的参与者都对自己原有的观点更加坚定了。一致的当然是找到了支持,不一致的,则是为了保护自己,变得更倔了。

所以说,如果要对身边的星座达人们宣传解密星座的实验,或者用粉碎"经期不能洗头"的理论解救广大姐妹们,可一定要做好心理准备,因为反击没准就在前面等着你。

Contributors

0.618 / 果壳网心事鉴定组科技编辑,科学松鼠会成员,武汉大学
　　心理学本科

Waystudy / 华中师范大学心理学本科,中国科学院心理研究所
　　硕士

塔塔 / 北京大学心理学本科

艺茗 / 北京林业大学心理学本科,中国科学院心理研究所硕士生

琦迹517 / 武汉大学心理学本科生

Dindin / 清华大学心理学硕士生,清华大学李家杰心理热线接
　　线员

赵紫凌 / 武汉大学化学本科,心理学爱好者

Keledoll / 中山大学心理学本科

阿饭 / 中山大学心理学本科,英国格拉斯哥大学认知神经研究所
　　博士生

没围脖的兔子 / 武汉大学心理学本科

豆豆助 / 武汉大学心理学本科

懒木 / 中国科学院心理研究所硕士

Synge／中山大学心理学博士

Nico／北京师范大学教育经济管理本科,德克萨斯大学奥斯汀分
校儿童发展博士生

Cobblest／科学松鼠会成员,北京大学心理学本科,美国密歇根州
立大学博士生

Hcp4715／湖北大学心理学硕士,"我爱脑科学"网版主

Less Dilettante／北京林业大学心理学本科,北京师范大学脑与认
知科学研究院硕士生

Amygdala／浙江大学心理学本科、直博生

沉默的马大爷／北京大学心理学本科、硕士,清华大学博士生

科学家种太阳／中国科学院心理研究所硕士

ZPLZPL／武汉大学心理学本科,中国科学院心理研究所硕士生

图书在版编目（CIP）数据

我知道你不知道的自己在想什么 / 果壳 Guokr.com 著.
—杭州：浙江大学出版社，2011.10(2017.4 重印)
ISBN 978-7-308-09095-7

Ⅰ.①我… Ⅱ.①果… Ⅲ.①心理学—通俗读物
Ⅳ.①B84－49

中国版本图书馆 CIP 数据核字（2011）第 184794 号

我知道你不知道的自己在想什么
果壳 Guokr.com 　著

策 划 者	蓝狮子财经出版中心
责任编辑	曲　静
出版发行	浙江大学出版社
	（杭州市天目山路 148 号　邮政编码 310007）
	（网址：http://www.zjupress.com）
排　　版	杭州大漠照排印刷有限公司
印　　刷	浙江印刷集团有限公司
开　　本	880mm×1230mm　1/32
印　　张	8.375
字　　数	165 千
版 印 次	2011 年 10 月第 1 版　2017 年 4 月第 10 次印刷
书　　号	ISBN 978-7-308-09095-7
定　　价	32.00 元

蓝狮子·果壳阅读视界

《宝贝别怕》

DNA 瘦驼 云无心 李清晨 著

从孕前到 3 岁的育儿经
给新爸爸新妈妈的育儿书！既科学又好懂！

《健康流言终结者》
薄三郎 著
仙人掌能防电脑辐射？可乐会杀精子？
钛项圈可以治颈椎病？煲电话粥会致癌？
解酒药让人千杯不醉？
——医学博士三郎为你破解健康流言，
解读科学常识！

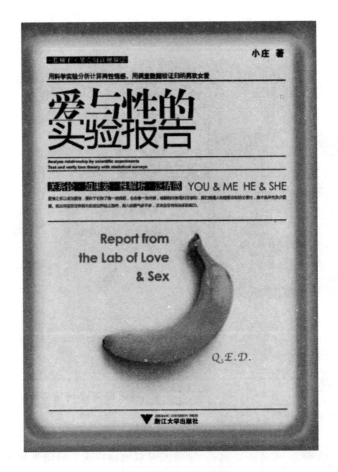

《爱与性的实验报告》

小庄　著

科学版《欲望都市》

情感＋经历＋实验　感性温暖＋理性分析

让你重新体验,关于爱与性的一切